OSTWESTFALEN-LIPPE
Aussichtspunkt mit überregionaler Bedeutung
Aussichtspunkt mit regionaler Bedeutung
Aussichtspunkt mit lokaler Bedeutung
BIELEFELD
GÜTERSLOH
DETMOLD
PADERBORN
LIPPSTADT
Ravensburg
Kaffeemühle
Schweden-schanze
Hünenburg
Sparren-burg
Eiserner Anton
Kumst-tonne
Bismarckturm Bad Salzuflen
Aussichts-turm Lemgo
Hohe Asch
Hermanns-denkmal
Kahlenbergturm
Grafenblick
Köterberg
Velmerstot
Bauerkamp
Nieheimer Warte
Bismarck-turm Höxter
Rodeneckturm
Iburg
Brunsberg
Modexer Warte
Haxter Warte
Bierbaums Nagel
Desenberg
Halle (Westf.)
Versmold
Sassen-berg
Steinhagen
Harsewinkel
Herzebrock-Clarholz
Enninger-loh
Oelde
Rheda-Wiedenbrück
Rietberg
Verl
Schloß Holte-Stukenbrock
Hövelhof
Delbrück
Langenberg
Beckum
Leopolds-höhe
Oerling-hausen
Lage
Dörentrup
Barntrup
Blomberg
Lügde
Schwalenberg
Horn-Bad Meinberg
Steinheim
August-dorf
Marienmünster
Holz-minden
Schlangen
Bad Lippspringe
Alten-beken
Bad Driburg
Nieheim
Höxter
Brakel
Beverungen
Salzkotten
Borchen
Willebadessen
Lichtenau
Borgentreich
Warburg
Hofgeismar
Paderborn-Lippstadt
Bad Sassendorf
Erwitte
Soest
Büren
Bad Wünnenberg
Aabach-talsperre
Marsberg
Warstein
Möhne-talsperre
TEUTOBURGER WALD
EGGEGEBIRGE
Ems
Lippe
Alme
Diemel
Weser
Werre
Möhne

Peter Rüther · Susanne Schenk

So weit der Blick reicht

Aussichtspunkte in Ostwestfalen-Lippe

Peter Rüther · Susanne Schenk

So weit der Blick reicht
Aussichtspunkte in Ostwestfalen-Lippe

tpk Regionalverlag Thomas P. Kiper

Impressum

by Regionalverlag Thomas P. Kiper
Hunteweg 28 · 33689 Bielefeld
Telefon (05205) 237160
www.tpk-verlag.de
Satz und Gestaltung: Thomas Kiper
Druck: Hans Kock Buch- und Offset-druck, Bielefeld
ISBN 978-3-936359-29-9

Bildnachweis

Alle Fotos Peter Rüther

Kartografie

• Der Abdruck der Karte auf den Umschlaginnenseiten erfolgt mit freundlicher Genehmigung der OstWestfalenLippe Marketing GmbH. Der Originalkarte hinzugefügt sind die Aussichtspunkte, die in diesem Buch behandelt werden.
• OWL-Höhenstufenkarte (S. 17): Peter Rüther
• OWL-Naturraumkarten (S. 15 und jeweils modifiziert zu Beginn der Naturraumkapitel): Peter Rüther und Thomas Kiper

Dank an den Naturpark

Verlag und Autoren danken dem Naturpark Teutoburger Wald / Eggegebirge für die Unterstützung unseres Buchvorhabens. Eine große Zahl von Aussichtspunkten unseres Buchs liegen im Einzugsbereich dieses Naturparks, dessen Aufgabe unter anderem darin liegt, der Bevölkerung attraktive Erholungsmöglichkeiten in der Natur anzubieten. So stellt der Naturpark an vielen Wanderparkplätzen Informationstafeln zu den Wandermöglichkeiten und Sehenswürdigkeiten auf. Für viele attraktive Wanderziele gibt der Naturpark kostenlos Faltblätter mit Wandervorschlägen heraus. Wer seinen Aussichtspunkt-Besuch mit einer Rundwanderung verbinden möchte, findet in diesem Buch Hinweise auf die entsprechenden Faltblätter.

INHALTSVERZEICHNIS

Zahlreiche Aussichtstürme und Aussichtspunkte erlauben weite Blicke über die abwechslungsreiche ostwestfälisch-lippische Landschaft: Blick vom Aussichtsturm Lemgo auf die alte Hansestadt.

6 von 34 Aussichtspunkten, die in diesem Buch behandelt werden: Fernmeldeturm Jakobsberg, Modexer Warte, Desenberg, Hermannsdenkmal, Eiserner Anton, Bismarckturm Höxter

EINLEITUNG

Aussichtspunkte mit einem weiten Blick über die umgebende Landschaft haben die Menschen schon immer fasziniert. Die enge Umgebung des Alltags verlassen – und sei es nur mit Blicken – gibt einem das Gefühl, über den kleinen täglichen Problemen zu stehen. Es ist im wahrsten Sinne ein erhebendes Gefühl, ein Gefühl, frei zu sein. Die Welt ringsum liegt einem zu Füßen. Gleichzeitig erlebt man sich an solchen Punkten als klein und bedeutungslos im Vergleich zu einer weiten Landschaft. Man gewinnt Respekt vor der Natur.

Von einem Aussichtspunkt hat man die Möglichkeit, die Landschaft als Ganzes zu erleben und nicht nur in kleinen Ausschnitten. Im Überblick von oben sind Zusammenhänge aus der Entstehungs- und Besiedlungsgeschichte einer Landschaft besser nachzuvollziehen. Bei Ausflügen sind Aussichtspunkte immer ein lohnenswertes Ziel. Wanderern bieten sie eine gute Gelegenheit, um eine Rast einzulegen und sich zu orientieren.

Mit den Mittelgebirgsketten des Teutoburger Waldes, der Egge und des Wiehengebirges sowie mit den Berg- und Hügellandschaften des Brakeler und des Lippischen Berglandes sowie des Weserberglandes bietet Ostwestfalen-Lippe zahlreiche Möglichkeiten für prächtige Aussichten.

Dieses Buch soll die schönen Blicke, die von einigen ostwestfälischen Aussichtspunkten möglich sind, zeigen und die Leser anregen, sich möglichst viele dieser Punkte selbst anzuschauen. Die in diesem Buch vorgestellten Aussichtspunkte sind attraktive Ausflugsziele. Sie liegen in landschaftlich schöner Umgebung. In den meisten Fällen gibt es in der Nähe gute Einkehrmöglichkeiten, auf die wir jeweils hinweisen.

Je nach ihren Aussichtsmöglichkeiten können die 34 Aussichtspunkte dieses Buches in drei Gruppen eingeteilt werden, die mit Symbolen auf der Karte im Innenumschlag gekennzeichnet sind:

Die Aussicht vom Jakobsberg (Porta Westfalica) gehört zu den spektakulärsten in Ostwestfalen-Lippe.

Erstens Aussichtspunkte, die eine weite Sicht deutlich über 20 km bieten und die eine überregionale Bedeutung haben

Dazu zählen wir den Desenberg, den Fernmeldeturm auf dem Jakobsberg, das Hermannsdenkmal, die Hünenburg, den Köterberg, den Luisenturm, die Sparrenburg und den Velmerstot. Diese acht Punkte sind in der Übersichtskarte (Umschlag innen) als ✹ eingezeichnet.

Von der Ravensburg (Stadt Borgholzhausen, Kreis Gütersloh) sind weite Blicke über den Teutoburger Wald und die Münsterländer Bucht möglich. Es ist ein Aussichtspunkt von regionaler Bedeutung.

Von der Kaffeemühle (siehe Seite 113) hat man einen schönen Blick auf die Stadt Halle in Westfalen am Fuße des Teutoburger Waldes. In die übrigen Richtungen ist der Blick versperrt.

■ **Zweitens Aussichtspunkte, die überwiegend eine Sicht bis zu 20 km bieten und die eine regionale Bedeutung haben.**
Hierzu werden in diesem Buch 20 Aussichtspunkte gezählt, die in der Übersichtskarte im Buchinnendeckel mit dem Symbol ✪ markiert sind.

■ **Drittens Aussichtspunkte, von denen man eine eingeschränkte Sicht hat und die lokale Bedeutung haben.**
Diese Aussichtspunkte bieten oft nur in einem kleinen Ausschnitt eine gute Fernsicht. Sie werden in diesem Buch nur knapp am Ende der jeweiligen Naturräume von Ostwestfalen-Lippe beschrieben. In der Karte erscheinen diese sechs Aussichtspunkte mit dem Symbol ✪.

ZU DIESEM BUCH

Wo sind die Aussichtspunkte?

Die Aussichtspunkte in diesem Buch sind nach den verschiedenen Landschaftsräumen in Ostwestfalen-Lippe in alphabetischer Reihenfolge geordnet. Die Landschaftsräume werden mit ihren Besonderheiten kurz beschrieben, danach folgen die in dem jeweiligen Landschaftsraum gelegenen Aussichtspunkte, geordnet von West nach Ost. Die meisten der in diesem Buch beschriebenen Aussichtspunkte liegen im Teutoburger Wald, im Lippischen Bergland und im Wiehengebirge (jeweils sechs Aussichtspunkte). Jeweils drei interessante Aussichtspunkte sind im Brakeler Bergland und im Eggegebirge zu finden. Auf der Paderborner Hochfläche, im Ravensberger Hügelland, im Steinheimer Becken und in der Warburger Börde wird in diesem Buch nur jeweils ein Aussichtspunkt beschrieben. In der Senne und im Wesertal liegen keine Aussichtspunkte, von mehreren Aussichtspunkten in benachbarten Landschaftsräumen hat man aber einen schönen Blick in diese Gebiete. Sie werden daher in diesem Buch auch kurz beschrieben.

Angaben zu den Aussichtspunkten

Bei der Beschreibung der Aussichtspunkte werden Angaben zur Lage, zur Geschichte, zu den Aussichten sowie zu den Wander- und Einkehrmöglichkeiten gemacht. Bei den Aussichten sind markante Punkte angegeben, die man von dort mit bloßem Auge erkennen kann. Empfehlenswert ist die Mitnahme eines Fernglases, um auch kleinere oder weiter entfernte Punkte zu betrachten.

Himmelsrichtungen

Zur Orientierung werden zu interessanten Punkten die Entfernung und die Abweichung von der Nordrichtung in Grad angegeben, jeweils auf- bzw. abgerundet auf 10°, in seltenen Fällen auf 5° genau. Mit der Gradeinteilung an einem Kompass kann man die angegebenen Punkte leicht finden, zur groben Einordnung reicht aber auch die Orientierung nach Uhrzeit und Sonnenstand. Wer keinen Kompass dabei hat, kann sich über die Himmelsrichtungen orientieren. Dabei gilt: 90° = Osten, 180° = Süden, 270° = Westen, 360° = Norden.

Höhenangaben

Alle Höhenangaben erfolgen mit dem Zusatz NN (= Normalnull). Das Normalnull war seit 1912 bis Ende des 20. Jahrhunderts die Bezugsfläche für Höhenmessungen in Deutschland. Es bezog sich auf den ehemaligen Amsterdamer Pegel. Der Begriff wurde häufig auch als Synonym für den mittleren Meeresspiegel gebraucht. Seit Mitte der 1990er Jahre wird das deutsche Höhennetz auf Angaben zum Normalhöhennull (NHN) als Bezugssystem umgestellt, da in den

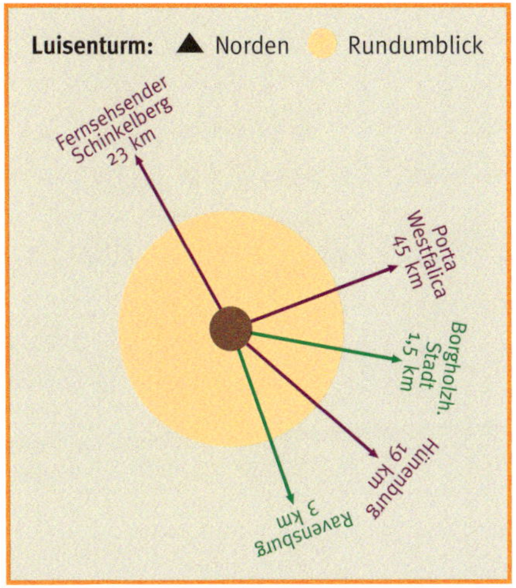

Bei den Aussichtspunkten mit überregionaler oder regionaler Bedeutung zeigt eine Grafik markante Punkte mit Angabe von Richtung und Entfernung – grüne Pfeile (bis 8 km), lila Pfeile (über 8 km). Die Grafik zeigt auch, in welche Richtungen es freien Blick gibt oder ob Rundumblick möglich ist.

Angaben zum Normalnull das Schwerefeld der Erde nicht einberechnet war. In den meisten Karten sind aber nach wie vor Höhenangaben in NN enthalten.

Fast alle Aussichtspunkte in Ostwestfalen-Lippe liegen an einem Wanderweg. So führt der Eggeweg am Velmerstot – hier die Wanderhütte unterhalb des Aussichtsturms – an der Iburg und an Bierbaums Nagel vorbei. Nützlich für Wanderer sind die Wanderkarten des Landesvermessungsamtes Nordrhein-Westfalen, zum Beispiel Wanderkarte 63 – Eggegebirge (Nordteil).

Nützliche Wanderkarten

Dieses Buch ist kein Wanderführer und ersetzt auch keine Wanderkarte. Als Ergänzung und auch zur Planung eines Ausflugs zu einem der Aussichtspunkte sind die Wander- bzw. Freizeitkarten des Landesvermessungsamtes Nordrhein-Westfalen im Maßstab 1:25.000 zu empfehlen. Die in diesem Buch beschriebenen Aussichtspunkte sind auf den folgenden Kartenblättern des Landesvermessungsamtes zu finden:

- Wanderkarte 21 – Herford und das Wittekindsland: Bismarckturm Bad Salzuflen, Bismarckturm Herford, Aussichtsturm auf dem Nonnenstein
- Wanderkarte 23 – Lippischer Südosten: Grafenblick, Kahlenbergturm, Köterberg, Mühlenpott
- Wanderkarte 39 – Hermannsland mit Eggeweg und Hermannsweg: Hermannsdenkmal, Velmerstot
- Wanderkarte 42 – Wiehen-, Wesergebirge im Mühlenkreis Minden-Lübbecke: Aussichtsturm auf dem Nonnenstein, Jakobsberg, Kaiser-Wilhelm-Denkmal, Moltketurm, Wiehenturm, Wurzelbrinkturm
- Wanderkarte 57 – Bielefeld und das Ravensberger Hügelland mit Hermannsweg: Eiserner Anton, Hünenburg, Luisenturm, Ravensburg, Sparrenburg
- Wanderkarte 63 – Eggegebirge (Nordteil) mit Eggeweg und Hermannsweg: Haxter Warte, Hermannsdenkmal, Iburg, Nieheimer Warte, Velmerstot
- Wanderkarte 64 – Eggegebirge (Südteil): Bierbaums Nagel
- Wanderkarte 69 – Kulturland Kreis Höxter (Nordteil): Bismarckturm Höxter, Brunsberg, Grafenblick, Kahlenbergturm, Köterberg, Modexer Warte, Nieheimer Warte, Rodeneckturm
- Wanderkarte 70 – Kulturland Kreis Höxter (Südteil): Desenberg
- Wanderkarte 9 – Nordlippisches Bergland: Bismarckturm Bad Salzuflen, Bismarckturm Herford, Hohe Asch, Mühlenpott, Aussichtsturm Lemgo

Kategorien von Wanderwegen

Viele Aussichtspunkte liegen an oder in der Nähe von gekennzeichneten Wanderwegen. Die unterschiedlichen Kennzeichnungen sind teilweise verwirrend, daher sollen sie hier kurz erläutert werden.

Mit einem A und einer Ziffer (z.B. A1, A2) werden kurze (etwa 3–7 km Länge, selten länger), örtliche Rundwanderwege markiert, die an einem Wanderparkplatz beginnen und enden. Das „A" stand ursprünglich für Autofahrerwanderwege.

Überregionale Hauptwanderwege sind mit einem Andreaskreuz (X) und einer Ziffer gekennzeichnet. Sie können mehrere hundert Kilometer lang sein und werden ehrenamtlich von überregionalen Wandervereinen markiert und gepflegt (in OWL vom Teutoburger-Wald-Verein, vom Eggegebirgsverein und vom Wiehengebirgsverband Weser-Ems).

Mittlerweile gibt es auch europäische Fernwanderwege, die auf mehreren tausend Kilometern Länge quer durch Europa führen und an einem „E" mit einer Ziffer zu erkennen sind.

SCHÖNES WETTER, SCHÖNE SICHT?

Schönes Wetter mit Sonnenschein und sommerliche Temperaturen machen Lust auf einen Ausflug ins Grüne. Doch Garanten für eine klare Sicht von den Aussichtspunkten sind Sonne und sommerliche Temperaturen leider nicht. Gerade im Sommer ist die Luft oft diesig, da bei warmen Temperaturen die Luft mehr Feuchtigkeit aufnehmen kann als an kalten Tagen. Viele kleine Aerosole in der Luft sorgen dann für einen Dunst und eher trübe Aussichten. Bei diesiger Sicht kann man oft nur vier bis zehn Kilometer weit schauen, weiter entfernt liegende Objekte sind verschleiert oder ganz im Dunst verschwunden. Zu Beginn von Hochdruckperioden, wenn die kalte trockene Luft von oben absinkt, hat man in Bodennähe allerdings gute Fernsicht. Vor einem Ausflug lohnt sich also ein Blick auf die häusliche Wetterstation, um zu schauen, wie hoch die relative Luftfeuchtigkeit ist. Werte unter 50 % deuten auf gute Sichtverhältnisse hin.

Kündigt der Wetterbericht für die kommenden Tage schlechtes Wetter oder gar Sturm an, so stehen vor allem in den Sommermonaten die Chancen auf eine prächtige Fernsicht gut. Zumindest ein kleiner Trost in dieser Zeit des Wetterumbruchs.

Fernsicht

Von Fernsicht spricht der Meteorologe, wenn die Sichtweite mindestens 50 Kilometer beträgt. Die maximale Sichtweite beträgt 150 – 300 Kilometer, dies wird jedoch nur in Hochgebirgen oder in sehr trockenen Klimazonen erreicht. In unserer Gegend kann man sicherlich bereits von guter Fernsicht sprechen, wenn markante Objekte / Landmarken in 30–40 Kilometer Entfernung scharf zu sehen sind.

In Gegenden mit viel Industrie, Besiedlung und dichtem Straßennetz wird die Sicht zudem noch durch kleine Staubteilchen getrübt, dem sogenannten trockenen Dunst. Hier hat man oft kurz nach starken Regenschauern die beste Sicht, die Luft ist auf der Rückseite von Schlechtwetterfronten dann besonders staubfrei.

Im Sommer stehen die Chancen auf eine gute Fernsicht besonders in den frühen Morgenstunden gut, weil die Luft dann noch kälter und weniger feucht ist. In den Wintermonaten spielt die Uhrzeit während der hellen Tageszeiten bei einem Ausflug zu einem Aussichtpunkt keine große Rolle. Gute klare Sicht hat man gerade in den Wintermonaten, wenn unsere Gegend unter dem Zustrom von kalten polaren Luftmassen steht.

Inversionswetterlage

Ein meteorologisches Phänomen, welches besonders im Winter für eine großartige Fernsicht in der Höhe sorgt, ist die Inversionswetterlage. Normalerweise nimmt die Temperatur der Luft mit steigender Höhe ab, bei einer Inversionswetterlage ist die Schichtung umgekehrt: Über bodennahen kalten Luftschichten liegen wärmere Luftmassen in einer Höhe von gewöhnlich 300 bis 400 Metern. Wie ein Deckel verhindert die warme Luft, dass Abgase nach oben entweichen können. Die Folge sind dichte, zähe Nebel in den Tälern und Niederungen und blauer Himmel mit einer ausgezeichneten Fernsicht auf den Bergen. Der Köterberg (496 Meter) ist bei einer winterlichen Inversionswetterlage deshalb für Aussichtshungrige ein besonders geeignetes Ziel.

Wirkung der Erdkrümmung

Auf der Erde wird die maximale Sichtweite neben der Luftfeuchtigkeit auch noch durch die Krümmung der Erde begrenzt. Schaut z.B. der 2,05 Meter große Autor dieses Buches in eine flache Ebene, könnte er Objekte in maximal 5 Kilometer Entfernung erkennen. Weiter entfernt liegende Ziele könnte er wegen der Erdkrümmung nicht mehr sehen. Von einem 13 Meter hohen Wartturm hingegen könnte er noch Objekte in gut 14 Kilometer Entfernung am Horizont sehen.

Ein besonderer Tipp zum Schluss

Warum nicht einmal nachts auf einen Aussichtsturm steigen und statt der Landschaft den Sternenhimmel betrachten? Einige der in diesem Buch vorgestellten Aussichtspunkte sind nachts zugänglich. Mit einer Taschenlampe ausgerüstet, lassen sich die Treppen gut besteigen. Ein Fernglas mitzunehmen lohnt sich übrigens auch nachts. Da wir nachts vorwiegend mit unseren Stäbchenzellen im Auge sehen, braucht es immer eine gewisse Zeit (etwa 45 Minuten), bis wir uns an die Dunkelheit gewöhnt haben und dann auch Konturen am Horizont gut erkennen können.

Atmosphärische Sichtweite*

Wetterbedingung	Sichtweite
Außergewöhnlich klar	280 km
Sehr klar	50 km
Klar	20 km
Leicht diesig	10 km
Diesig	4 km
Starker Dunst, leichter Nebel	2 km
Mäßiger Nebel	1 km
Dichter Nebel, Starkregen	0,1 km
Extremer Nebel, Schneetreiben	0,01 km

Geometrische Sichtweite*

Augenhöhe	Sichtweite
2 m	5 km
5 m	8 km
10 m	11 km
15 m	14 km
20 m	16 km
50 m	25 km
100 m	36 km
200 m	50 km
400 m	71 km

*) nach Wikipedia

Inversionswetterlage: Vom Köterberg (496 Meter NN) blickt der Besucher in die glasklare Winterluft und auf eine kompakte Wolkenschicht in den tiefer gelegenen Zonen, aus denen nur die höchsten Stellen ragen.

Sichtweiten-Info

Weitere Informationen zu Sichtweiten und Luftfeuchtigkeit findet man im Internet: www.wetteronline.de/NRW.htm. Unter „aktuelle Messwerte NRW“ kann man sich die aktuelle Sichtweite und die Feuchte (Luftfeuchtigkeit) von verschiedenen Messstationen in OWL anzeigen lassen.

OSTWESTFALEN-LIPPE

Ostwestfalen-Lippe, abgekürzt OWL, ist weder ein geografischer Begriff für eine Landschaft oder einen Naturraum noch bezeichnet es ein historisches Gebiet oder einen Herrschaftsbereich. Seit einigen Jahren wird der Begriff Ostwestfalen-Lippe als Synonym für den Regierungsbezirk Detmold gebraucht, den östlichsten der fünf Regierungsbezirke des Landes Nordrhein-Westfalen.

Die Fläche von OWL umfasst etwa 6.500 Quadratkilometer. Die etwa zwei Millionen Einwohner in OWL verteilen sich auf die Kreise Gütersloh, Herford, Höxter, Lippe, Minden-Lübbecke, Paderborn und auf die kreisfreie Stadt Bielefeld. Das inoffizielle Wahrzeichen der Region ist das Hermannsdenkmal bei Detmold.

Da es sich um ein künstliches politisches Gebilde handelt, kann man nicht von einer einheitlichen Landschaft sprechen. Geografisch gesehen ist es vielmehr ein Übergangsraum zwischen zwei Großlandschaften. Aus großräumiger Sicht ist diese Lage im Übergangsbereich zwischen zwei geologisch und geomorphologisch völlig andersartigen Räumen interessant, dem Norddeutschen Tiefland und den westdeutschen Mittelgebirgen.

■ Norddeutsche Tiefebene

Das Norddeutsche Tiefland, auch Norddeutsche Tiefebene genannt, liegt zwischen den Küsten der Nord- und Ostsee und den Mittelgebirgen im Süden Deutschlands. Die Oberfläche des Norddeutschen Tieflandes wurde in den letzten 2,5 Millionen Jahren mehrfach von den aus Norden vorstoßenden Eismassen und den Schmelzwässern überformt und gestaltet. Am weitesten nach Süden vorgestoßen sind Gletscher in der Saale-Eiszeit vor etwa 200.000 Jahren, als sie bis in das heutige Ostwestfalen-Lippe gelangten.

■ Mitteleuropäische Mittelgebirgszone

Südlich an die Norddeutsche Tiefebene anschließend bestimmen in Deutschland Mittelgebirge das Landschaftsbild. Die Oberfläche ist an Bruchkanten in mehrere Schollen zerlegt und hat ein bewegtes Relief. Der geologische Untergrund dieses mitteleuropäischen Schollengebietes ist wesentlich älter als im Norddeutschen Tiefland. Die aus dem Erdaltertum stammenden und überformten Gesteine sind zum Teil mehr als 250 Millionen Jahre alt.

■ Landschaftsräume in OWL

Ostwestfalen-Lippe ist eine sehr abwechslungsreiche Landschaft. Unterschiedliche Oberflächenformen (Flachland, Hügelland und Mittelgebirge), verschiedene Vegetationstypen und Nutzungsformen (Wald, Wiesen, Äcker, Gehölze) und die vielen Wasserläufe machen den Reiz dieses Gebietes aus. Ostwestfalen-Lippe kann in mehrere Landschaftsräume gegliedert werden. Das geografische „Rückgrat" bilden die Gebirgslandschaften des Teutoburger Waldes und des sich südlich anschließenden Eggegebirges.

■ Im Westen reicht Ostwestfalen-Lippe über den Teutoburger Wald hinaus in die Westfälische Bucht. Die Senne ist deren am weitesten östlich gelegene Teillandschaft.

- Nach Süden steigt das Gelände zur Paderborner Hochfläche an.
- Die östliche Grenze bildet das Wesertal mit dem dahinter liegenden Solling.
- Zwischen Teutoburger Wald, Eggegebirge und dem Wesertal liegen mehrere gut voneinander abgrenzbare Lösslandschaften (Ravensberger Hügelland, Steinheimer Becken, Warburger Börde) mit zwei Mittelgebirgslandschaften (Lippisches Bergland, Brakeler Bergland). Das Steinheimer Becken wird in manchen Darstellungen auch zum Lippischen Bergland gerechnet. Brakeler Bergland und Warburger Börde werden manchmal auch als Oberwälder Land bezeichnet.
- Im Norden von Ostwestfalen-Lippe liegt das Wiehengebirge. Dahinter beginnt mit dem Lübbecker Lössland und der Loccumer Geest die Norddeutsche Tiefebene.

In Ostwestfalen-Lippe gibt es sehr unterschiedliche Naturräume; sie gestalten das Land sehr abwechslungsreich.

Natürliche und menschliche Faktoren

Die Gliederung der ostwestfälisch-lippischen Landschaft ergibt sich nicht nur aus verschiedenen natürlichen Faktoren wie der Erdgeschichte, des Klimas, der Bodenverhältnisse und der natürlichen Vegetation, sondern auch aus den zahlreichen menschlichen Einflüssen als

Blick vom Desenberg: Dank der sehr guten Lössböden wird die Warburger Börde stark landwirtschaftlich genutzt, was wiederum die Landschaft geprägt hat.

Folgen der Besiedlung und der Bewirtschaftung land- und forstwirtschaftlicher Flächen. Oftmals sind aber auch die Besiedlung und die Nutzung der Landschaft ganz wesentlich wieder auf die geologischen Ausgangsbedingungen und die Böden zurückzuführen.

Diese reizvolle Gliederung der Landschaft kann man an vielen Aussichtspunkten erleben.

GEWÄSSER IN OSTWESTFALEN-LIPPE

Ostwestfalen-Lippe ist eine wasserreiche Region. Das zeigt sich sowohl in den bedeutenden Grundwasservorkommen als auch in den zahlreichen Fließgewässern. Wasser und Landschaft sind voneinander abhängig. Einerseits kann das Oberflächenwasser nur dort fließen, wo die Geländeverhältnisse es zulassen, andererseits hat das Wasser in der erdgeschichtlichen Vergangenheit durch Erosion erst die Landschaft geformt.

Drei Hauptflüsse

In Ostwestfalen-Lippe treffen sich die Einzugsgebiete von drei Flüssen, der Weser, der Ems und der Lippe, die bei Wesel in den Rhein mündet. Der westliche Teil des Teutoburger Waldes bildet die Wasserscheide zwischen Ems und Weser, der östliche Teil ist die Wasserscheide zwischen Rhein und Weser. Dazwischen liegt einer der seltenen Drei-Fluss-Punkte, von dem aus das Wasser in die Ems, in den Rhein oder in die Weser gelangen kann. Eine weitere limnologische Besonderheit tritt in Ostwestfalen-Lippe auf, die Bifurkation (von lat. furca = Gabel). So nennt man die Gabelung eines Fließgewässers, wodurch das Wasser über zwei verschiedene Flusssysteme ins Meer gelangt. Ein bekanntes Beispiel in unserer Region ist der Krollbach in Hövelhof, dessen beide Arme über den Haustenbach und die Lippe in den Rhein und über den Schwarzwasserbach in die Ems führen. Nur knapp außerhalb von OWL liegt die Bifurkation bei Melle-Gesmold. Hier zweigt die Else von der Hase ab und fließt dann weiter über die Werre in die Weser, während die Hase in die Ems mündet.

Die Weser

Zum Flusssystem der Weser gehören als größere Nebenflüsse die Diemel (Quelle im Rothaargebirge, Mündung bei Bad Karlshafen), die Nethe (Quelle im Eggegebirge, Mündung bei Godelheim), die Emmer (Quelle ebenfalls im Eggegebirge, Mündung bei Emmerthal) und die Werre (Quelle im Lippischen Bergland, Mündung bei Bad Oeynhausen).

Die Lippe

Parallel zur Lippe verläuft der Boker-Heide-Kanal, ein bedeutendes technisches Kulturdenkmal. Ein größerer Zufluss der Lippe ist die Alme.

Die Ems

Zahlreiche Sennebäche münden in die Ems, z.B. die Dalke (Quelle in Bielefeld-Sennestadt, Mündung bei Gütersloh).

Wo fließen sie denn?

Von den Aussichtspunkten, die in diesem Buch beschrieben sind, kann man diese Flüsse mit Ausnahme der Weser in der Landschaft selbst nicht erkennen. Man sieht aber an vielen Stellen die Talsysteme der tiefer eingeschnittenen Flüsse, vor allem der Weser (z.B. vom Köterberg und vom Rodeneckturm bei Höxter), der Nethe (z.B. von der Modexer Warte bei Brakel), der Werre (z.B. vom Herforder Bismarckturm) und der Bega, einem Nebenfluss der Werre (z.B. vom Aussichtsturm Lemgo).

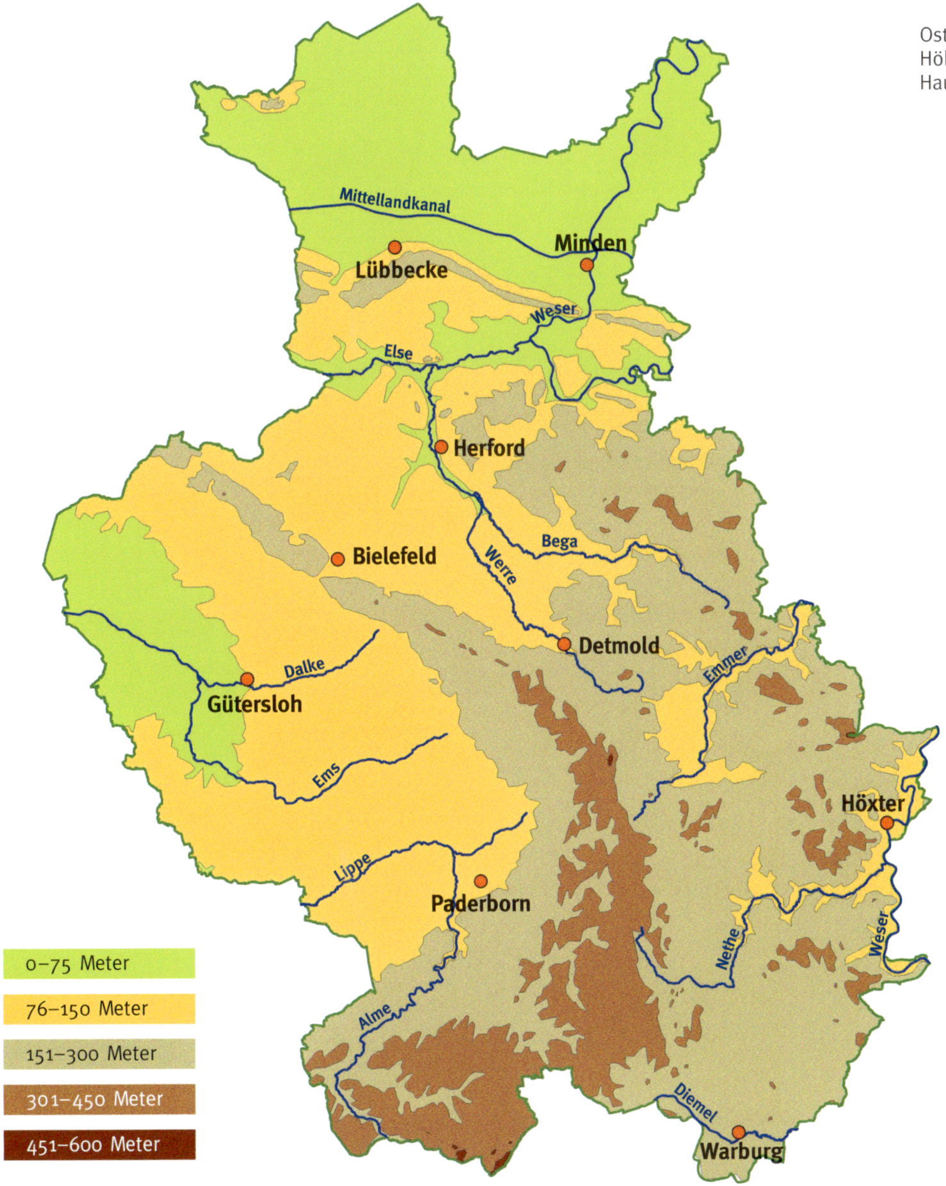

Ostwestfalen-Lippe: Höhenstufen und Hauptfließgewässer.

Kalkstein und Sandstein aus verschiedenen geologischen Epochen sind in OWL die häufigsten Ausgangsmaterialien für die Bodenbildung.

GEOLOGISCHE GRUNDLAGEN ZUM VERSTÄNDNIS DER NATURRÄUME

Die Oberfläche der Erde ist nicht statisch, sie ist vielmehr in ständiger Veränderung begriffen. Die Veränderungen spielen sich allerdings in so langen Zeiträumen ab, dass ein einzelner Mensch sie nicht bemerken kann. Erst die Interpretation geologischer Befunde liefert die Grundlage für das Verständnis der Entstehung und Veränderung der Gesteine.

Gesteine können auf drei verschiedene Arten entstehen:

- aus Ablagerungen in Meeren oder durch den Wind und anschließende Verfestigung (Schicht- oder Ablagerungsgesteine oder Sedimentgesteine)
- aus vulkanischen Prozessen (Erstarrungs- oder Magmagesteine)
- aus mechanischen, physikalischen oder chemischen Umwandlungsprozessen in andere Gesteine (Umwandlungsgesteine oder metamorphe Gesteine)

Bedeutung der Fossilien

Geologen unterteilen die Gesteine in verschiedene Schichten und stützen sich dabei hauptsächlich auf die darin auftretenden Fossilien. Durch das Vergleichen von versteinerten Fossilien können auch räumlich weit auseinander liegende Schichten miteinander verglichen werden. Die geologische Zeitskala, die sich auf solche Leitfossilien stützt, ist eine relative Zeitskala, d.h. sie gibt nur die Reihenfolge der Entstehung der Gesteine an, aber nicht ihr Alter. Zur Altersbestimmung werden radiometrische Methoden eingesetzt. So können bestimmte Gesteinsschichten jeweils bestimmten Zeitaltern der Erdgeschichte zugeordnet werden.

Chemie und Physik der Gesteine

Gesteine unterscheiden sich aber untereinander nicht nur durch ihre unterschiedliche Entstehungszeit, sondern auch durch ihren Bestand an Mineralien und deren chemische Zusammensetzung, durch physikalische Eigenschaften (z.B. Dichte, Festigkeit) und durch ihr Gefüge (Struktur, Textur). Auf Grund dieser vielen unterschiedlichen Eigenschaften reagieren die einzelnen Gesteine ganz unterschiedlich auf die Witterungsbedingungen.

Die Erde ist in Bewegung

Die Erdoberfläche und ihre Gesteine unterlagen im Laufe der Jahrmillionen ihrer Geschichte einem ständigen Wandel:

- Gesteinsschichten können durch Kräfte im Erdinneren emporgehoben werden.
- Direkt an der Oberfläche liegende Schichten werden durch Erosionskräfte (z.B. Wasser, Wind) abgetragen.
- Die Gesteinsplatten der Erdkruste sind ständig in Bewegung, weil sie im Erdinneren auf einem zähflüssigen Untergrund schwimmen. An ihren Rändern können sie sich übereinander schieben oder so stark gegeneinander drücken, dass sie sich hochstellen.

Geologische Karten

Geologische Karten können nicht die gesamte Schichtenfolge an jeder beliebigen Stelle zeigen. Sie geben vielmehr einen Überblick über die sogenannten anstehenden Gesteine, d.h. über das jeweils oberste Gestein, das direkt unter dem Boden liegt, in der Regel also in einer Tiefe von 20 Zentimeter bis 2 Meter.

KURZER ABRISS DER ERDGESCHICHTE IN UNSEREM RAUM

Um das heutige Landschaftsbild und vor allem auch die Oberflächenformen und das Relief unseres Raumes verstehen zu können, ist ein Blick in die Erdgeschichte hilfreich. Durch viele geologisch bedeutsame Ereignisse hat sich über einen unvorstellbar langen Zeitraum das heutige Gesicht der Landschaft herausgebildet.

Im Lauf der Erdgeschichte war unser Raum vielen Veränderungen unterworfen: Lange Zeit war er von Meer bedeckt, Meeressedimente lagerten sich am Meeresgrund ab, verfestigten sich und bildeten die Gesteinsschichten, die wir heute im Gelände finden.

Aussichtspunkte sind besonders geeignete Stellen, um einen Überblick über erdgeschichtlich bedeutsame, großräumige Vorgänge zu bekommen.

Keine Spuren aus dem Erdaltertum

Die Vorgänge im Erdaltertum (Paläozoikum), das vor etwa 250 Millionen Jahren endete, sind in unserem Raum heute nicht mehr zu erkennen. Gesteine, die in diesem Zeitraum entstanden sind, kommen bei uns nur in sehr großer Tiefe vor.

Meeresablagerungen aus dem Erdmittelalter

Im Erdmittelalter (Mesozoikum), also in dem Zeitraum vor etwa 65 bis 250 Millionen Jahren, war unser Raum zum großen Teil von Meeren bedeckt. Viele Gesteine, die heute an der Erdoberfläche zu sehen sind, sind in dieser Zeit als Meeresablagerungen entstanden.

Relief aus der Erdneuzeit

Zur Erdneuzeit (Känozoikum) werden die beiden Erdzeitalter des Tertiärs und des Quartärs gerechnet. Während des Tertiärs waren der Eggegebirgsraum und auch das angrenzende Weserbergland und das Münsterland überwiegend Festlandsgebiet. Das Klima war deutlich wärmer und feuchter als heute, so dass die Gesteine aus der Kreidezeit in dieser Zeit stark verwitterten. Bis zum Ausgang des Tertiärs vor etwa 2,6 Millionen Jahren war das heute vorhandene Relief in unserem Raum geschaffen.

Eisvorstöße in den Kaltzeiten

Im Quartär (vor 2,6 Millionen Jahren bis heute) gab es mehrfach starke klimatische Veränderungen mit mehreren Kalt- und Warmzeiten. Der norddeutsche Raum wurde in dieser Zeit dreimal vom Eis überdeckt. Diese Perioden nennt man Elster-, Saale- und Weichsel-Kaltzeit. Wahrscheinlich drang erstmals während der Saale-Kaltzeit Eis in die Westfälische Bucht ein und füllte sie zeitweilig ganz aus. Der mächtigste Eisvorstoß fand während des sogenannten Drenthe-Stadiums in der Saale-Kaltzeit statt. Das von Norden kommende Inlandeis überfuhr das Wiehengebirge, stieß bis zum Nordrand des Teutoburger Waldes vor und staute sich hier zunächst, bis es schließlich den nordwestlichen Abschnitt des Teutoburger Waldes überwand und in die Westfälische Bucht eintrat. Ungefähr gleichzeitig, vermutlich etwas eher, drang ein zweiter Eisstrom, der sogenannte Emsland-Gletscher, über das Emstal von Nordwesten in die Westfälische Bucht und erreichte aus westlicher Richtung kommend auch den Teutoburger Wald. Im Südosten reichte er bis über Paderborn. Zwei weitere nachfolgende Eisvorstöße hatten nicht mehr diese weite Ausdehnung. Auch wenn die Vereisung der Westfälischen Bucht in mehreren Schüben erfolgte, kann man davon ausgehen, dass dieser Raum in der gesamten Saale-Kaltzeit ständig von Inlandeis überdeckt war. Vor etwa 125.000 Jahren begann eine Warmzeit und das Eis zog sich zurück. In der folgenden Weichsel-Kaltzeit, die vor etwa 70.000 Jahren begann, gelangte kein Inlandeis mehr in unseren Raum. Vor etwa 10.000 Jahren ging der klimatische Einfluss der Kaltzeiten zu Ende.
In den letzten 1.000 Jahren hat der Mensch verstärkt in die Geländegestaltung eingegriffen.

Erdgeschichtliche Tabelle

In der Tabelle werden die Zeitalter der Erdgeschichte, die in dieser Zeit entstandenen geologischen Schichten und die jeweiligen Umweltbedingungen in unserem Raum nebeneinander gestellt. In der letzten Spalte geben wir Beispiele für Vorkommen in Nordrhein-Westfalen.

<table>
<tr><th>Zeitalter</th><th colspan="2">Gesteinsformation</th></tr>
<tr><td rowspan="2">Erdneuzeit
(Känozoikum)
= Zeitalter der Vögel und Säugetiere</td><td colspan="2">Quartär</td></tr>
<tr><td colspan="2">Tertiär</td></tr>
<tr><td rowspan="8">Erdmittelalter
(Mesozoikum)
= Zeitalter der Ammoniten und Saurier</td><td rowspan="2">Kreide</td><td>Obere Kreide</td></tr>
<tr><td>Untere Kreide</td></tr>
<tr><td rowspan="3">Jura</td><td>Malm</td></tr>
<tr><td>Dogger</td></tr>
<tr><td>Lias</td></tr>
<tr><td rowspan="3">Trias</td><td>Keuper</td></tr>
<tr><td>Muschelkalk</td></tr>
<tr><td>Buntsandstein</td></tr>
<tr><td rowspan="6">Erdaltertum
(Paläozoikum)
= Zeitalter der Trilobiten, Fische und Amphibien</td><td colspan="2">Perm</td></tr>
<tr><td colspan="2">Karbon</td></tr>
<tr><td colspan="2">Devon</td></tr>
<tr><td colspan="2">Silur</td></tr>
<tr><td colspan="2">Ordovizium</td></tr>
<tr><td colspan="2">Kambrium</td></tr>
<tr><td rowspan="2">Erdfrühzeit
(Präkambrium)</td><td colspan="2">Proterozoikum</td></tr>
<tr><td colspan="2">Archaikum</td></tr>
<tr><td>Erdurzeit</td><td colspan="2">Azoikum</td></tr>
</table>

Zeit	Entwicklungsstufen der Erde und des Lebens	Wie sah es damals in unserer Region aus?	Vorkommen von Ablagerungen
Heute – 2,6 Mio. Jahre	Kalt- und Warmzeiten, Entwicklung und Ausbreitung des Menschen	Festland	Löss in: Warburger Börde, Steinheimer Becken, Ravensb. Hügelland, Soester Börde, Lübbecker Lössland, Sande im West- und Ostmünsterland, Grundmoräne im Münsterland
2,6 – 65 Mio. Jahre	Entwicklung und Ausbreitung der Säugetiere, erste Menschenartige in Afrika		Braunkohlen in der Niederrheinischen Bucht
65 – 100 Mio. Jahre	Riesenwachstum und Aussterben der Dinosaurier und Ammoniten, erste Bedecktsamer	Flachmeer	Kalksteine des Teutob. Waldes, Kalke u. Mergel der Baumberge und Beckumer Berge, Emscher Mergel
100 – 142 Mio. Jahre			Sandsteine des Teutoburger Waldes (Osningsandstein) und der Egge (z.B. Externsteine)
142 – 161 Mio. Jahre	Blütezeit der Saurier, erste Vögel (Archaeopteryx)	Flachmeer	Kalke, Kalksandsteine, Sandsteine und Mergel des Weser- und Wiehengebirges
161 – 176 Mio. Jahre			Sandsteine und Tonsteine des Weser- und Wiehengebirges
176 – 208 Mio. Jahre			Tone des Ravensberger Hügellandes
208 – 232 Mio. Jahre	Auseinanderdriften des Riesenkontinents, Entfaltung der Großreptilien (Saurier), erste primitive Säugetiere, Dominanz der Nacktsamer, Aussterben der riesigen Bärlappe und Schachtelhalme	Flachmeer	Sandsteine, Tone und Mergel des Lipp. Berglandes, der Warburger Börde und des Steinheimer Beckens
232 – 240 Mio. Jahre		Meer	Kalksteine und Mergel des Teutoburger Waldes, Kalkplatten des Brakeler Berglandes
240 – 251 Mio. Jahre		Meer	Tone (Röt) kleinräumig im Wesertal bei Höxter und in den Talkesseln von Bad Driburg u. Herste, Sandsteine des Sollings
251 – 296 Mio. Jahre	Raubechsen, erste Ammoniten, Aussterben der Trilobiten	Wüsten, eindampfende Meeresbecken, Bildung bedeutender Salzlagerstätten	Kalkklippen bei Obermarsberg, sonst Ablagerungen nur in großer Tiefe
296 – 358 Mio. Jahre	Entstehung eines Riesenkontinents (Pangaea), erste Reptilien und Nadelbäume, Dominanz von riesigen Bärlappen und Schachtelhalmen	Sumpfwälder	Grauwacken und Schiefer am Nordrand des Rheinischen Schiefergebirges, Kohleschichten im Ruhrgebiet unter der Kreide
358 – 417 Mio. Jahre	Erste flügellose Insekten und Amphibien	Flachmeer	Massenkalke und Schiefer im Sauer- u. Siegerland
417 – 443 Mio. Jahre	Erste echte Fische, Pflanzen und Tiere erobern Festland und Süßwasser	Flachmeer	Begrenzte Vorkommen im Sauerland
443 – 495 Mio. Jahre	Zunahme der Landmasse, erste fischförmige Wirbeltiere (Kieferlose)	Meer	
495 – 545 Mio. Jahre	Bildung der Kontinentalschollen, erste wirbellose Meerestiere (Trilobiten, Krebse)	Meer	In NRW nur im Hohen Venn
545 Mio. – 2,5 Mrd. Jahre	Erdoberfläche mit Wasser und vulkanischen Inseln, erste Einzeller und Mehrzeller		
2,5 – 4,0 Mrd. Jahre	Entwicklung der Sauerstoffatmosphäre, Erstarrung der Erdkruste, Archaeobakterien		
4,0 – 4,6 Mrd. Jahre	Entstehung der Erde aus kosmischen Gasen und Stäuben, sauerstofffreie Uratmosphäre		

BRAKELER BERGLAND

Zwischen den beiden Bördelandschaften des Steinheimer Beckens im Norden und der Warburger Börde im Süden erstreckt sich das Brakeler Bergland mit der Stadt Brakel etwa in der Mitte. Weitere Städte sind Höxter am östlichen und Bad Driburg am westlichen Rand dieses Landschaftsraumes. Südlich reicht das Gebiet etwa bis Willebadessen.

Den geologischen Untergrund bilden ausgedehnte, hohe Bergplatten aus Muschelkalk. Da diese Platten wie eine Schwelle zwischen den beiden nördlich und südlich angrenzenden Bördelandschaften liegen, spricht man auch von der „Brakeler Muschelkalkschwelle". Im Norden und Süden wird es von Keuper-Mulden um Steinheim und Warburg begrenzt. Westlich schließen sich Kreidesandsteine der Egge und im Osten hinter dem Wesertal die Buntsandsteine des Sollings an.

Das Brakeler Bergland liegt im Südosten von Ostwestfalen-Lippe.

Die Nethe mit ihren Nebenflüssen ist der bestimmende Fluss des Brakeler Berglandes, das daher von den Einheimischen auch als Nethegau bezeichnet wird. Die Täler der Nethe und ihrer Zuflüsse (Aa, Brucht) haben sich tief in das weiche Kalkgestein eingegraben und zerteilen das plateauartige Gebiet. Das Tal der Nethe liegt etwa auf 150 Meter NN, die Höhen des Berglandes erreichen etwa 350 Meter NN.

Zwischen den geschlossenen Wäldern der Egge und des Sollings sowie den zusammenhängenden Ackerflächen der Börden von Warburg und Steinheim ist das Brakeler Bergland ein abwechslungsreiches Gebiet mit großräumig wechselnden Feldern und Wäldern. Auf dem Muschelkalk haben sich basenreiche Kalkverwitterungsböden entwickelt. Heute stehen auf diesen Braunerden ausgedehnte Buchenmischwälder. Einige von ihnen sind als Naherholungsgebiete erschlossen. Aus Sicht des Naturschutzes sind vor allem orchideenreiche Kalkbuchenwälder, Kalkmagerrasen, Kalkäcker und Magerweiden bedeutsam.

Im Brakeler Bergland sind die größeren Siedlungen in den durchgehenden Tälern entstanden oder am Rande des Gebietes im Übergang zu den benachbarten Landschaftsräumen. Auch die großen Verkehrswege (Bundesstraßen 64 und 252, Eisenbahn) folgen den durchgehenden Talräumen.

Die Stadt Brakel liegt in einem weiten Talraum am Zusammenfluss von Nethe und Brucht. Der Muschelkalk wird hier von einer fruchtbaren Lössschicht bedeckt. Diese guten Böden bieten in Verbindung mit einem flachen Relief günstige Bedingungen für den Ackerbau. Die alte Hansestadt Höxter liegt im Wesertal in verkehrstechnisch günstiger Lage: Hier querte schon in frühgeschichtlicher Zeit der Hellweg die Weser.

Die größeren Siedlungen des Brakeler Berglandes sind in den Tälern der Nethe und ihrer Zuflüsse entstanden: Blick von der Modexer Warte auf Brakel. Dort mündet die Brucht in die Nethe.

Die Modexer Warte steht gut sichtbar in der offenen Brakeler Feldflur.

Jahrhundertealter Rundblick auf die Brakeler Feldflur

MODEXER WARTE Stadt Brakel, Kreis Höxter

Lage

Die Modexer Warte liegt etwa 3 km nordöstlich von Brakel an der Straße nach Bosseborn. Durch ihre Lage inmitten von Äckern ist sie schon weithin sichtbar. Auf 205 Meter Höhe liegt sie etwa 100 Meter höher als das Nethetal und etwa 70 Meter höher als die Altstadt von Brakel.

Geschichte

Die Modexer Warte ist Teil der Brakeler Landwehr aus dem 14. Jahrhundert.
Der Flurname Modexen erinnert an ein ehemaliges Dorf vor den Toren Brakels, das im Mittelalter wieder aufgegeben wurde und von dem heute im Gelände nichts mehr zu sehen ist.

Aussicht

Von der Aussichtsplattform hat man freie Rundumsicht über die weite Brakeler Feldflur. In östlicher Richtung steigt das Gelände zum Brakeler Stadtwald an. In nordwestlicher Richtung liegt mit dem Hinnenburger Forst ein weiteres großes Waldgebiet. An seinem linken Rand ist die Hinnenburg zu sehen (3 km, 280°), eine um 1600 errichtete Renaissance-Anlage der Grafen von Bocholtz-Asseburg, an deren Stelle seit 1237 der Sitz der Ritter von Brakel war. Ein Blick ins Nethetal bei Hembsen eröffnet sich in südöstlicher Richtung. Auf dem Kamm des Eggegebirges ist der hohe Sendemast bei Willebadessen gut zu erkennen (20 km, 230°).
Nach Südwesten blickt man auf die Stadt Brakel hinunter (Bild Seite 23). Auf den ersten Blick fällt der die Dächer der Stadt überragende Turm der Pfarrkirche St.

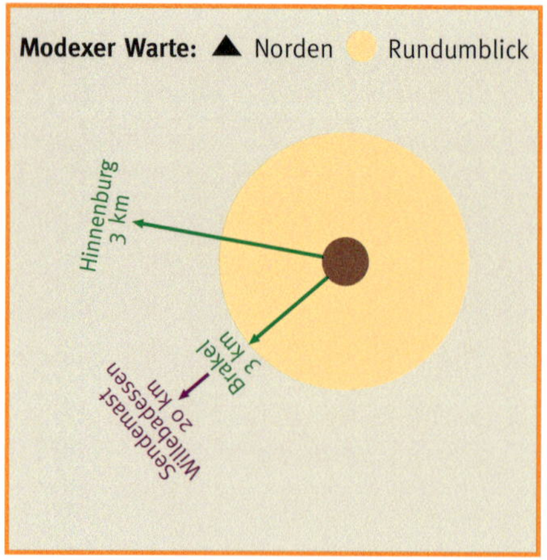

Der Blick ins Nethetal bei Hembsen ist im Frühsommer zur Zeit der Rapsblüte besonders reizvoll.

Michael und St. Johannes auf. Die mitten in der Stadt gelegene romanische Kirche stammt aus der zweiten Hälfte des 12. Jahrhunderts.

Weitere Infos

Parkmöglichkeiten gibt es direkt am Turm, der jederzeit zugänglich ist. Über steile Holztreppen gelangt man auf eine Aussichtsplattform. Besonders reizvoll ist die Aussicht im Mai zur Zeit der Rapsblüte. Im Frühling kann man regelmäßig singende Feldlerchen hören.

Exkurs

LANDWEHREN UND WARTEN

Landwehren – in unserer Region auch „Knick“ oder „Hagen“ genannt – sind mittelalterliche Befestigungslinien im offenen Land, die viele Kilometer lang sein können. Sie wurden angelegt, um ein bestimmtes Gebiet entweder ganz oder an bestimmten wichtigen Stellen abzugrenzen und zu schützen. Solche Anlagen prägten im Spätmittelalter und in der frühen Neuzeit das Erscheinungsbild der Landschaft besonders im Bistum Paderborn und im Gebiet der Abtei Corvey. Heute sind von diesen Anlagen meistens nur noch spärliche Reste erhalten.

Aufbau einer Landwehr

Eine Landwehr bestand mindestens aus einem Wall und einem Graben, manchmal waren es aber auch mehrere parallel verlaufende Wälle und Gräben. Die Gräben konnten – von der Wallkrone aus gemessen – eine Tiefe von mehr als fünf Metern erreichen. Die Erdwälle wurden oft mit dichten Dornenhecken bepflanzt. Zu den verwundbarsten Punkten einer Landwehr gehörten die sogenannten Schlinge, also die Stellen, an denen eine Straße die Landwehr schnitt. Hier wurden Schlagbäume und Tore errichtet und oft auch zusätzliche massive Türme, die Warten oder Warttürme. Diese Beobachtungstürme hatten in der Regel einen runden Grundriss. Ihr Eingang lag meistens in mehreren Metern Höhe. Dadurch konnte er nur mit Hilfe von Leitern erreicht werden. Der unter dem Zugang liegende Teil war voll ausgemauert, der Turm war dadurch stabiler. Die Warttürme waren oft noch mit einer Ringmauer oder einem Wall und einem vorgelagerten Graben umgeben.

Eigenständige Warten

Warten wurden allerdings nicht nur an Schlingen angelegt, sondern auch an Punkten, von denen man große Teile des eigenen Territoriums und auch benachbarter Bereiche, von denen Gefahr drohen konnte, überblicken und überwachen konnte. Wichtig für diese Beobachtungspunkte war, dass sie Sichtverbindung zur Stadt und zu anderen Warten hatten. Diese Warten waren häufig nicht mit den Landwehren verbunden, sondern bildeten eigene kleine Festungswerke. Ein Beispiel dafür ist die Modexer Warte bei Brakel.

Verfall und Restaurierung

Die meisten Warten sind im Lauf der Jahrhunderte verfallen, nachdem sie ihre ursprüngliche Funktion verloren hatten. In den letzten Jahrzehnten wurden einige von ihnen aber wieder restauriert und zugänglich gemacht. Heute sind mehrere Warttürme als Aussichtspunkte begehbar, z.B. die Modexer Warte bei Brakel, die Nieheimer Warte bei Nieheim und die Haxter Warte bei Paderborn. Andere Warten sind ebenso gut als Aussichtspunkte geeignet, warten aber noch auf eine Restaurierung, z.B. die Brenkhäuser Warte bei Höxter oder der Wartturm bei Rothe (nordwestlich von Dalhausen).
Hoffentlich werden in den nächsten Jahren weitere Warttürme als Zeugen einer lange zurückliegenden Epoche wieder instand gesetzt und für Besucher geöffnet, zumal eine Nutzung als Aussichtspunkt der ehemaligen Nutzung sehr nahe kommt.

Weitere Informationen im Internet

www.warttuerme.de

Zur Erinnerung an den Förster Roden

RODENECKTURM Stadt Höxter, Kreis Höxter

Blick auf das Brückfeld im Weserbogen bei Höxter. Rechts im Mittelgrund die ehemalige Reichsabtei Corvey.

Lage

Der Rodeneckturm liegt auf 220 Meter NN etwa 2 km südwestlich von Höxter auf dem Ziegenberg inmitten eines alten Buchenwaldes.

Geschichte

Im Jahr 1883 wurde der Rodeneckturm aus rotem Ziegelmauerwerk vom Verschönerungsverein als Aussichtsturm errichtet. Der Name erinnert an den Förster Roden, der den Berg einst aufforstete.

Aussicht

Die Aussicht vom Rodeneckturm ist auf einen Ausschnitt nach Norden und Osten begrenzt. An einer Weserschleife liegt die Innenstadt von Höxter mehr als 100 Meter tiefer im Wesertal (1,5 km, 20°). Hinter den Häusern von Höxter

Höxter mit der Kiliani-
kirche; dahinter die
Stadt Holzminden mit
dem gut sichtbaren
alten Kornspeicher.

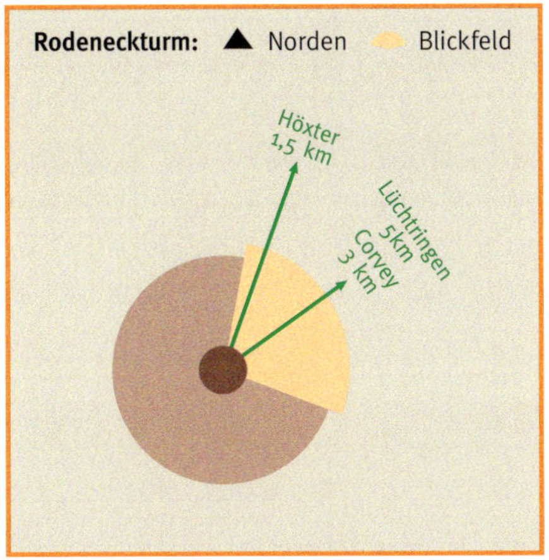

erhebt sich der bewaldete Räuschenberg. Etwas weiter rechts geht der Blick über Holzminden und Bevern hinweg bis zum Burgberg und anderen Waldgebieten des Naturparks Solling-Vogler.

Folgt man dem Flusslauf der Weser mit den Augen, erkennt man das Kloster Corvey (3 km, 55°) und dahinter die Ortschaft Lüchtringen (5 km). Hier steigt das Gelände leicht zum großen Buchenwaldgebiet des Sollings an, der das Panorama nach Osten dominiert.

Wandermöglichkeiten

Der Rodeneckturm liegt in der Nähe des Fernwanderweges X16 und des Kreiswanderweges des Kreises Höxter. Der Kreiswanderweg zieht sich auf 288 km Länge wie eine große Acht durch den gesamten Kreis Höxter. Er ist einheitlich mit dem Logo des Kulturlandes Kreis Höxter markiert. Weitere Aussichtspunkte an diesem Weg sind der Brunsberg und der Desenberg. Der mit X16 markierte Fernwanderweg wird auch Egge-Weser-Weg genannt. Auf 35 km führt er von Bad Driburg über Brakel nach Höxter.

Vom Parkplatz am Turmweg in Höxter kann man auf einem Rundweg drei schöne Ausblicke ins Wesertal erleben. Gemeint sind der Rodeneckturm und die Wanderhütte auf dem Brunsberg, stark durch Bäume eingeschränkt ist mittlerweile die Sicht vom Bismarckturm auf dem Krekeler Berg. Der am Parkplatz beginnende Weg führt nach 5 km leicht bergauf direkt zur Wanderhütte auf dem Brunsberg. Für den Rückweg kann man den Kreiswanderweg nehmen. Zuerst folgt man dem Asphaltweg, bis nach ca. 2 km rechts der Wanderweg X16 abzweigt. (Der kurz vorher nach links abzweigende Abschnitt des X16 führt zum Bismarckturm.) Nach weiteren 2,5 km kann man in mehreren Schlingen zum Rodeneckturm absteigen. Zum Parkplatz sind es dann nur noch wenige Minuten.

Der malerische Rodeneckturm im Naturschutzgebiet Ziegenberg.

Weitere Infos

Parkmöglichkeiten sind in der Nähe der Jugendherberge am Ende des Turmweges, dort wo der Wald beginnt. Folgt man dem breiten Weg in den Wald und nach 250 Metern rechts einem steil bergauf führenden Weg, ist man in 10 Minuten am Aussichtsturm.
Der Aussichtsturm ist ganzjährig geöffnet.

Geheimtipp für Aussichtshungrige und Landschaftsästheten

BRUNSBERG Stadt Höxter, Kreis Höxter

Regenwolken hängen tief über dem Solling zwischen Boffzen (links) und Fürstenberg (rechts).

Lage

Auf dem Brunsberg liegt auf etwa 290 Meter NN etwa 4 km südwestlich von Höxter eine Wanderhütte mit Grillplatz. Die Stelle ist ein beliebter Startplatz für Drachenflieger und Gleitschirmflieger.

Geschichte

Bereits im Frühmittelalter – möglicherweise auch in der vorrömischen Eisenzeit – bestand auf dem Brunsberg eine sächsische Wallburg. Das Gelände war ideal dafür: Die etwa drei Hektar große Anlage mit einem Ringwall und drei Vorwällen liegt auf einem Bergsporn, von dem eine gute Sicht weit in das Wesertal und den Solling möglich ist. Während der Sachsenkriege Karls des Großen soll im Jahr 775 am Brunsberg eine Schlacht stattgefunden haben, mit der die Soldaten Karls gegen die Sachsen den Weserübergang erzwangen.

Aussicht

Von der Wanderhütte auf dem Brunsberg schaut man über einen steilen Abfall des Geländes etwa 200 Meter tief ins Wesertal hinab. Auf der anderen Seite des Flusses steigt das Gelände langsam zum Solling an.

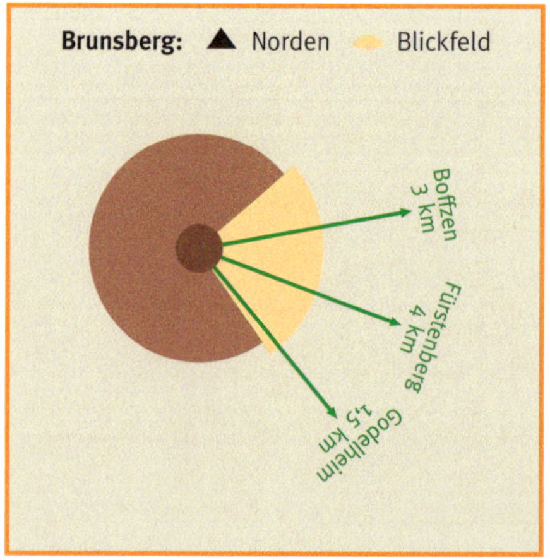

Von links nach rechts hat man einen guten Überblick über die Ortschaften Boffzen (3 km, 80°), Fürstenberg (4 km, 110°) und Godelheim (1,5 km, 140°). Vor Fürstenberg erkennt man die Anlagen der Fürstenberger Porzellanmanufaktur mit dem Fürstenberger Schloss auf den steilen Sandsteinklippen.

Panoramablick ins Wesertal:
Wer diesen Blick genießen möchte, muss sein Auto parken und einen kleinen Fußweg machen.

Viele Baggerseen zeugen vom Kiesabbau im Wesertal.

Die Landesgrenze nach Niedersachsen verläuft hier in der Flussmitte. Boffzen und Fürstenberg liegen also in Niedersachsen (Landkreis Holzminden). Markant ist die alte Eisenbahnbrücke über die Weser (2,5 km, 110°). Sie wird allerdings nicht mehr genutzt; die Bahnstrecke zwischen Lüchtringen und Wehrden ist mittlerweile stillgelegt.

Auf dieser Seite der Weser liegen zahlreiche Baggerseen und Teiche. Hier werden Weserkiese abgebaut. Wo der Abbau bereits abgeschlossen ist, wird das Gelände als Erholungsgebiet genutzt. Zwischen den Teichen verlaufen die Bahnlinie Höxter–Paderborn und die Bundesstraße 64/83 fast parallel zueinander.

Wandermöglichkeiten

Der Brunsberg liegt am Kreiswanderweg des Kreises Höxter. Der Kreiswanderweg zieht sich auf 288 km wie eine große Acht durch den gesamten Kreis Höxter. Er ist einheitlich mit dem Logo des Kulturlandes Kreis Höxter markiert. Weitere Aussichtspunkte an diesem Weg sind der Rodeneckturm und der Desenberg.

Weitere Infos

Am schnellsten erreicht man den Brunsberg zu Fuß von einem Wanderparkplatz an der Straße zwischen Höxter und Bosseborn (K18) auf der Kuppe des Krekeler Berges. Von hier gelangt man in 5 Minuten zum Bismarckturm, einem weiteren Aussichtspunkt, der aber durch hoch aufgewachsene Bäume in der Umgebung keine gute Sicht mehr bietet. Der Aussichtspunkt auf dem Brunsberg ist etwa 2,5 km vom Wanderparkplatz entfernt.

An Wochenenden und Feiertagen kann man den Flugbetrieb von Drachenfliegern und Paraglidern beobachten.

Von lokaler Bedeutung:

BISMARCKTURM HÖXTER

Der Bismarckturm der Stadt Höxter liegt auf 263 Meter NN auf dem Krekeler Berg zwischen Höxter und Bosseborn. Er stammt aus dem Jahr 1900 und wurde im neoromantischen Stil erbaut. Vorher stand an gleicher Stelle die Bosseborner Warte, die zur ehemaligen Landwehr der Stadt Höxter gehörte.

Der jederzeit zugängliche Turm bot vor einigen Jahren eine schöne Rundumsicht über weite Teile des Gebietes zwischen Höxter und Brakel und über das Wesertal hinweg. Durch hoch aufgewachsene Bäume in der Umgebung des Turmes ist die Sicht mittlerweile stark eingeschränkt. Durch gezielte Freistellungen könnte hier ein schöner und markanter Aussichtspunkt für die Bevölkerung attraktiver gemacht werden.

Umgeben von hohen Bäumen – der Bismarckturm Höxter.

EGGEGEBIRGE

Die Mittelgebirgslandschaft des Eggegebirges verbindet den Teutoburger Wald mit dem Sauerland. Die Grenze zwischen Teutoburger Wald und Egge bildet der Silberbach zu Füßen des Velmerstots, die Grenze zum Sauerland ist die Diemel.

Von der Geländestruktur her kann man das Eggegebirge mit einem Dachfirst vergleichen. Es erhebt sich in strenger Nord-Süd-Ausrichtung aus den Kalklandschaften der Paderborner Hochfläche und des Brakeler Berglandes. Mit seinen vergleichsweise großen Höhen ragt der Kamm des Eggegebirges über die umliegenden Landschaften deutlich hinaus. Der Velmerstot ist mit 468 Meter eine der höchsten Erhebungen in Ostwestfalen-Lippe (Köterberg: 496 Meter). Auf beiden Seiten wird der Eggekamm von etwa 200 Meter tiefer liegenden Senken begleitet, die ihn von den umliegenden Landschaften deutlich absetzen, wie das schematische Profil durch das Eggegebirge (rechte Seite) gut zeigt.

Die Egge erstreckt sich auf ca. 70 km Länge von Horn-Bad Meinberg im Norden bis Marsberg im Süden. Sie bildet die Wasserscheide zwischen Weser und Rhein. Im Zentrum des Mittelgebirges liegt Bad Driburg. Die Stadt entstand am Fuß der Iburg. Hier führte der Hellweg als alte Handelsstraße über das Eggegebirge und weiter durch die Talräume der Aa und der Nethe zur Weser. An weiteren größeren Ortschaften in der Egge

Der Riegel des Eggegebirges bildet die Wasserscheide zwischen Weser und Rhein.

Bild rechts: Offen zutage tritt der Eggesandstein auf dem Velmerstot, der höchsten Erhebung des Eggegebirges.

sind noch Lichtenau und Altenbeken sowie Willebadessen am östlichen und Schlangen am nordwestlichen Rand zu nennen.
Das Eggegebirge ist geologisch gesehen eine Schichtstufe. Es bildet den Rand des Münsterschen Kreidebeckens. Die Stufe wird von dem harten Eggesandstein aus der Unteren Kreide gebildet. Die darunter liegenden Jura- und Keuperschichten sowie der darüber liegende Cenoman-Mergel aus der Oberen Kreide sind weicher und wurden im Laufe der Zeit abgetragen.

Das Eggegebirge – ein Klimawall

Wie ein Wall zieht sich das Eggegebirge durch Ostwestfalen und bildet dadurch einen Stau für die vom Atlantik kommenden Westwinde. Die Luftmassen werden in der Münsterschen Bucht zwischen dem Teutoburger Wald und dem Haarstrang zusammengetrieben und drängen über den Eggekamm. In der Egge fallen daher durchschnittlich etwa 300–400 mm höhere Jahresniederschläge als westlich und östlich davon. Besonders im Winter fällt dies an der deutlich höheren Schneedecke in der Egge auf. In großräumiger Hinsicht bildet das Eggegebirge einen Riegel zwischen atlantischen und kontinentalen Klimaeinflüssen.
Als in der Saale-Eiszeit im Lippischen Bergland und in der Senne Gletscher lagen, blieb der Eggekamm eisfrei. In dem vorherrschenden kalten Klima kam es zu Eisbildung in Klüften und Poren des Gesteins und als Folge davon zu Absprengungen von Gesteinsbrocken von den Felsen. Die Blockhalden im Eggegebirge sind also Zeugen des Eiszeitklimas. Im Gegensatz zu Findlingen z.B. in der Westfälischen Bucht wurden sie aber nicht vom Eis aus dem Norden hierhin getragen.
Seit langer Zeit ist die Egge ein reines Waldgebiet. Heute bestimmen Fichtenforste das Waldbild, ursprüngliche Buchenwälder sind selten. Sie kommen vor allem im Nordteil des Eggegebirges vor.

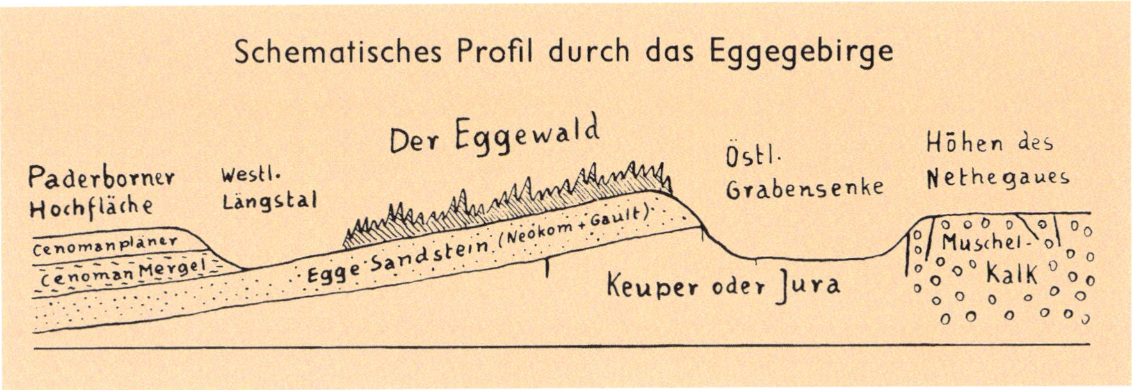

Schematisches Profil durch das Eggegebirge, nach MAASJOST 1973, Seite 73.

Landschaftsästhetisch sehr reizvoll: die schroffen Sandsteinfelsen der Teutoniaklippen am Osthang des Eggegebirges.

Von einer lippischen und einer preußischen Bergkuppe

VELMERSTOT Stadt Horn-Bad Meinberg (Kreis Lippe) und Stadt Steinheim (Kreis Höxter)

Lage

Mit dem Namen „Velmerstot“ werden zwei nahe beieinander liegende Bergkuppen im Eggegebirge bezeichnet: der lippische und der preußische Velmerstot. Der lippische Velmerstot ist 441 Meter hoch. Der preußische Velmerstot liegt etwa 650 Meter weiter südlich und ist mit 468 Meter die höchste Erhebung im Gebirgsraum Teutoburger Wald/Eggegebirge. Beide Bergkuppen sind durch einen schmalen Kamm verbunden. Die frühere Grenze zwischen dem Fürstentum Lippe und dem Königreich Preußen verlief zwischen den beiden Gipfeln.

Auf dem preußischen Velmerstot (468 m NN) steht seit 2003 ein Holz-Aussichtsturm, der Eggeturm.

In nördlicher und westlicher Richtung wird der Velmerstot vom Silberbach begrenzt. Das Silberbachtal zwischen der Silbermühle und der Kattenmühle gilt als das schönste Tal im ganzen Eggegebirge. Hier hat sich der Silberbach auf einer Länge von etwa 2 Kilometern tief in den Sandstein eingegraben. Der Bachlauf wird als Grenze zwischen dem Teutoburger Wald und dem Eggegebirge angesehen, der Velmerstot ist somit der nördlichste Vorposten des Eggegebirges.

Geschichte

Der lippische Velmerstot ist ein Komplex aus Sandsteinfelsen. Der Sandstein stammt aus der Unterkreide und wurde vor mehr als 100 Millionen Jahren als Meeressediment abgelagert und später verfestigt. Unser Raum war damals von einem Meer bedeckt. Durch Verwitterung entstand aus dem Sandstein wieder heller Sand, der sich zwischen den Felsen sammelt. Geologisch gesehen ist der Velmerstot die höchste Erhebung der östlichen Randstufe des Münsterländer Kreidebeckens. Der benachbarte preußische Velmerstot ist ebenfalls aus Sandstein der Unterkreide aufgebaut. Seine Felsen sind aber von Vegetation bedeckt. Der Name Velmerstot leitet sich von dem

nahe gelegenen Ort Veldrom (zu Horn-Bad Meinberg) ab.
Vom 16. Jahrhundert bis zum Ende des Zweiten Weltkrieges wurde der feste Sandstein des Velmerstots in mehreren Steinbrüchen abgebaut und als Baumaterial verwendet. Der Preußische Velmerstot wurde von 1964 bis 1994 als NATO-Militärbasis genutzt. Nach Beendigung der militärischen Nutzung wurde das Gelände renaturiert. Das Forstamt Paderborn errichtete 2003 einen Aussichtsturm. Dieser sogenannte Eggeturm ist 17 Meter hoch, die Aussichtsplattform befindet sich auf etwa 9 Meter Höhe.

Aussicht

Vom Aussichtsturm auf dem preußischen Velmerstot hat man eine komplette Rundumsicht. Man überblickt viele Landschaftsräume: Nach Norden erstreckt sich der Teutoburger Wald (gut zu erkennen ist das Hermannsdenkmal), nach Süden die Egge. In Richtung Osten blickt man über das Steinheimer Becken zum Köterberg. Nach Westen geht der Blick über den Bauerkamp in die Senne.

Blick vom Velmerstot nach Osten: in der Bildmitte erhebt sich der Köterberg.

In der Bildmitte ist das Hermannsdenkmal schwach zu erkennen, links des markanten Einschnitts im Gebirge steht der schlanke Sendemast auf dem Bielstein.

Markante Punkte sind der Sender Bielstein (12 km, 320°), das Hermannsdenkmal (12 km, 330°) und der Köterberg (25 km, 80°). Viele Ortschaften sind von oben zu sehen: Detmold (12 km, 340°), Horn (4 km, 350°), Bad Meinberg (7 km, 20°), Blomberg (16 km, 40°), Bellenberg (5,5 km, 40°), Ottenhausen (7 km, 60°), Steinheim (10 km, 70°), Schwalenberg (17 km, 75°), Nieheim (11 km, 110°) und Sandebeck (2,5 km, 120°). Bei guter Sicht geht der Blick bis zum Desenberg bei Warburg (40 km, 160°) und zum Solling (45 km, 100°).

Vom Lippischen Velmerstot ist die Aussicht zur Zeit durch hoch aufgewachsene Bäume etwas eingeschränkt.

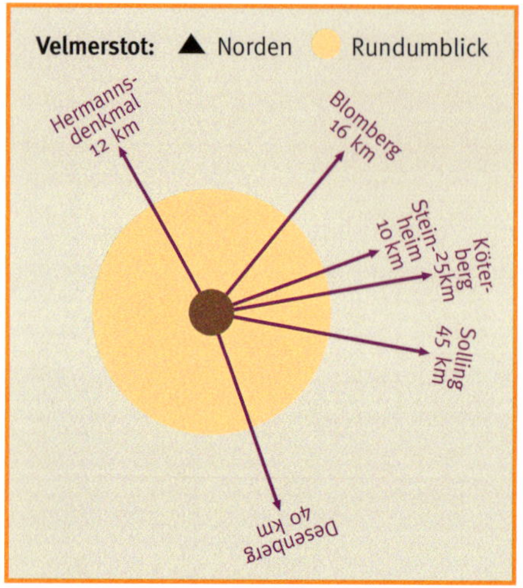

Wandermöglichkeiten

Direkt über den Velmerstot verläuft der mit X gekennzeichnete Eggeweg. Dieser Fernwanderweg führt auf 72 km Länge auf dem Kamm des Eggegebirges von den Externsteinen bei Horn-Bad Meinberg ins Diemeltal bei Marsberg. Er ist Teil des europäischen Fernwanderweges E1 und wird seit einigen Jahren zusammen mit dem Hermannsweg unter dem Begriff Hermannshöhen vermarktet. Mit dem Aussichtsturm Bierbaums Nagel (Seite 44) und der Iburg (Seite 40) liegen zwei weitere Aussichtspunkte dieses Buches am Eggeweg.

Einkehrmöglichkeit

Hotel, Restaurant und Café Silbermühle

Weitere Infos

Der Zugang zum Velmerstot ist von mehreren Startpunkten möglich. Der nächstgelegene Wanderparkplatz „Buchenberg“ liegt an der Landstraße 828 zwischen Horn und Veldrom. Vom Parkplatz aus geht es bis zum Ende des Asphaltweges zur Kattenmühle, dann links auf dem X10 am Silberbach entlang und nach etwa 200 Metern rechts über den Silberbach und dem X1 bzw. E1 folgend langsam bergauf. Eine andere Zugangsmöglichkeit besteht vom Wanderparkplatz an der Silbermühle. Beim Naturpark Teutoburger Wald/Eggegebirge ist ein kostenloses Faltblatt erhältlich, das über Rundwanderwege in der Umgebung informiert.

Der Aussichtsturm ist ganzjährig geöffnet, wird jedoch bei schwierigen Witterungsverhältnissen von der Forstverwaltung gesperrt.

Der Lippische Velmerstot und der angrenzende Egge-Osthang sind als Naturschutzgebiet ausgewiesen. Schutzwürdig sind hier die Bergheide auf dem Velmerstot und die mit Blocksteinfeldern durchsetzten Buchenwälder am Osthang.

Rund um den Velmerstot gibt es viele gut markierte Wanderwege.

Hinter Bäumen verborgen, steht der Kaiser-Karls-Turm auf einem Bergvorsprung.

Blick in den Bad Driburger Talkessel

IBURG Stadt Bad Driburg, Kreis Höxter

Lage

In der Nähe der Burgruine der Iburg liegt zwei Kilometer westlich von Bad Driburg der Kaiser-Karls-Turm. Er wurde 1904 vom Eggegebirgsverein aus dem braunen Sandstein der Egge erbaut, das benachbarte Gasthaus Sachsenklause im Jahr 1925.

Der Turm hat unten einen quadratischen Grundriss, weiter oben einen runden. 80 Steinstufen führen auf eine Aussichtsplattform in 18 Meter Höhe. Durch die Lage auf einem steilen Bergvorsprung am Ostrand der Egge in 380 Meter Höhe hat man von hier einen guten Blick in den Talkessel von Bad Driburg. Der Bergvorsprung besteht aus Muschelkalk und fällt steil nach Osten ab.

Geschichte

Der Name Iburg leitet sich wahrscheinlich von „Eibenburg" ab. Die Burganlage wurde Ende des 12. Jahrhunderts innerhalb einer älteren Wallanlage aus dem 8./9. Jahrhundert erbaut. 1134 gründete Bischof Bernhard I. von Paderborn an dieser Stelle ein Benediktinerinnenkloster. Bereits 1142 verließen die Nonnen das Kloster wieder und zogen in das

Der Panoramablick vom Kaiser-Karls-Turm reicht vom St.-Josef-Hospital auf der Weberhöhe am linken Bildrand bis zu den Wäldern zwischen Driburg und Dringenberg am rechten Bildrand. Der Köterberg liegt links von der Bildmitte am Horizont.

Kloster Gehrden. 1189 begann Bischof Bernhard II. von Paderborn zur Sicherung seines Territoriums eine Burg zu errichten. 1223 wurde die Burganlage noch einmal erweitert.

Die Paderborner Bischöfe hielten sich oft auf der Bergfeste auf, bis im Jahr 1323 das benachbarte Dringenberg ihre Sommerresidenz wurde. In der Folgezeit verlor so die Iburg ihre Bedeutung. 1444 wurde sie von Herzog Otto von Braunschweig vollständig zerstört und nicht wieder aufgebaut. Von der Innenbebauung (Wohngebäude, Bergfried, Brunnen, Kapelle) sind heute nur noch Ruinen erhalten, die im 20. Jahrhundert teilweise saniert wurden.

Einer Sage nach soll die Iburg der Standort der Irminsul gewesen sein, eines sächsischen Heiligtums, das Karl der Große 772 zerstörte.

Aussicht

Vom Kaiser-Karls-Turm und von der Terrasse der Sachsenklause hat man einen schönen Ausblick auf den Driburger Talkessel. Er wurde aus dem weichen Gestein des Oberen Buntsandsteins (= Röt) ausgewaschen.
Der Stadtkern liegt fast 200 Meter tiefer. Hinter der Stadt dehnt sich in einem weiten Halbrund das Brakeler Bergland mit seinen Buchenwäldern aus. Bei klarer Sicht kann man den Köterberg (26 km, 60°) und den Desenberg (29 km, 150°) sehen. Gut zu erkennen sind auch die Ortschaften Schwalenberg (21 km, 40°) und Pömbsen (7 km, 40°). Die Lage weiterer Dörfer wird an den waldfreien Flecken in der Waldlandschaft des Brakeler Berglandes deutlich.

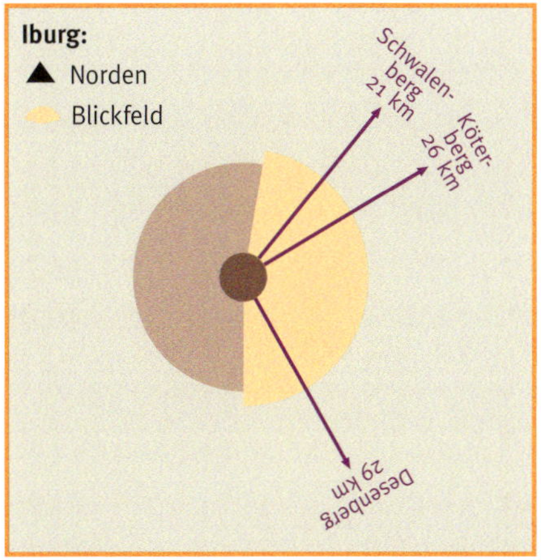

Im Stadtkern von Bad Driburg überragt der Turm der Kirche Sankt Peter und Paul die umgebenden Häuser.

Wandermöglichkeiten

Etwa 750 Meter westlich der Iburg verläuft der mit X gekennzeichnete Eggeweg. Dieser Fernwanderweg führt auf 72 km Länge auf dem Kamm des Eggegebirges von den Externsteinen bei Horn-Bad Meinberg ins Diemeltal bei Marsberg. Er ist Teil des europäischen Fernwanderweges E1 und wird seit einigen Jahren zusammen mit dem Hermannsweg unter dem Begriff Hermannshöhen vermarktet. Mit dem Aussichtsturm Bierbaums Nagel und dem Velmerstot liegen zwei weitere Aussichtpunkte dieses Buches am Eggeweg.

Einkehrmöglichkeit

Gaststätte „Sachsenklause" (direkt am Kaiser-Karls-Turm)

Weitere Infos

Ein Parkplatz ist etwa 300 Meter entfernt. Man erreicht ihn über die Bundesstraße 64. Zwischen Buke und Bad Driburg zweigt oben auf dem Eggekamm die Kreisstraße 18 ab, eine Nebenstrecke nach Bad Driburg. Nach 500 Metern biegt man rechts ein und gelangt nach weiteren zwei Kilometern zum Parkplatz.

Vom Parkplatz aus führt der Weg vorbei an der Burgruine der Iburg durch alten Kalk-Buchenwald zum Aussichtsturm. Beim Naturpark Teutoburger Wald/Eggegebirge ist ein kostenloses Faltblatt erhältlich, das über Rundwanderwege in der Umgebung informiert.

Der Wald ist besonders im Frühjahr und Frühsommer reizvoll, wenn zahlreiche Frühblüher den Boden bedecken (z.B. Bär-Lauch – Allium ursinum, Busch-Windröschen – Anemone nemorosa, Hohler Lerchensporn – Corydalis cava, Waldmeister – Galium odoratum, Bingelkraut – Mercurialis perennis).

Der Kaiser-Karls-Turm ist jederzeit offen.

Exkurs

BUSCH-WINDRÖSCHEN

Busch-Windröschen
(Anemone nemorosa) und
Gelbes Windröschen
(A. ranunculoides)

Die Windröschen verdanken ihren Namen der zarten Gestalt – schon beim leisesten Windhauch schwanken sie heftig hin und her, während andere Pflanzen sich allenfalls sanft wiegen. So kann auch der wissenschaftliche Gattungsname gedeutet werden: „anemos" ist das griechische Wort für Wind.

Das Gelbe Windröschen unterscheidet sich nicht nur durch die dotter- oder schwefelgelbe Blütenfarbe vom Busch-

Busch-Windröschen und Gelbes Windröschen.

Das Busch-Windröschen ist einer unserer auffälligsten und häufigsten Frühblüher. Es wächst in vielen Laubwäldern. An die Bodenbedingungen stellt es nur geringe Ansprüche und kommt auf Kalk, Lehm und Sand vor. Die Wuchsorte müssen allerdings schattig und dürfen nicht zu trocken sein. In der Blütezeit, die sich von März bis in den Mai erstreckt, fallen die leuchtend weißen Blüten mit ihren sechs (manchmal auch mehr) Blütenblättern stark auf.

Windröschen, sondern auch durch die Fünfzahl der Blütenblätter. Die Ähnlichkeit seiner Blüte mit einer Hahnenfuß-Blüte wird nicht nur beim Hinschauen, sondern auch im wissenschaftlichen Namen deutlich: „ranunculoides" stammt von dem Gattungsnamen Ranunculus – Hahnenfuß. Das Gelbe Windröschen braucht etwas mehr Bodenfeuchte als das Busch-Windröschen und bevorzugt Kalk-Standorte.

Von Kleinenberg im Westen des Aussichtsturmes geht der Blick weiter über den Windpark bei Lichtenau und

Ein Aussichtsturm zur Linderung von Heimweh

BIERBAUMS NAGEL Stadt Willebadessen, Kreis Höxter

Bierbaums Nagel – einer der wenigen Aussichtstürme, die nach ihrem Erbauer benannt wurden. Den ungewöhnlichen Zusatz „Nagel" fügte der Volksmund hinzu.

■ Lage

Etwa 5 km südlich von Willebadessen liegt auf ca. 430 Meter NN der Aussichtsturm „Bierbaums Nagel".

■ Geschichte

Der Aussichtsturm stammt aus dem Jahr 1849 und gehört mit dem Kahlenbergturm zu den ältesten Aussichtstürmen in Ostwestfalen-Lippe. Ein früherer Besitzer des Rittergutes Borlinghausen mit Namen Bierbaum hat diesen Turm erbauen lassen, um seiner Gemahlin, die aus Kassel stammte und stark unter Heimweh litt, die Möglichkeit zu bieten, von dort aus den Herkules auf der Wilhelmshöhe zu sehen.

Das unterhalb des Aussichtsturms am Steilabhang der Egge gelegene kleine Dorf Borlinghausen wird auch heute noch von dem Wasserschloss mit dem Wassergraben, dem Park und der Kastanienallee geprägt. 1396 wurde erstmals ein Wasserschloss erwähnt, das heutige Schloss stammt aber in wesentlichen Teilen aus dem Ende des 16. und dem Anfang des 17. Jahrhunderts. Im 19.

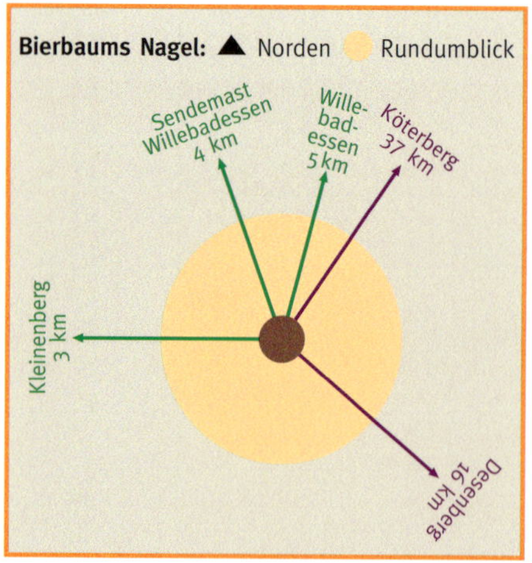

Jahrhundert wechselten die Burgbesitzer mehrfach. Heute ist die Anlage im Privatbesitz des Freiherrn v. Weichs zur Wenne.

Aussicht

Bei schönem Wetter hat man vom Aussichtsturm Bierbaums Nagel fast eine komplette Rundumsicht. Nach Norden über die Fichtenwälder auf dem Kamm des Eggegebirges zum Sendemast (4 km, 340°) westlich von Willebadessen (5 km, 15°). Im Nordwesten liegt der Windpark von Lichtenau mit seinen zahlreichen Windkraftanlagen in etwa 10 km Entfernung. Nach Westen geht der Blick weiter zum Ort Kleinenberg (3 km, 270°). Im Südosten erhebt sich die kegelförmige Silhouette des Desenbergs (16 km, 130°) aus der flachen Warburger Börde. Rechts davon ist bei guter Fernsicht in 45 km Entfernung auch der Sendemast Zierenberg im Habichtswald zu erkennen. Dann kann man außerdem den Fernmeldeturm auf dem Köterberg (37 km, 35°) sehen. Den Herkules in Kassel konnten wir trotz guter Sichtverhältnisse leider nicht entdecken.

Wandermöglichkeiten

Etwa 200 Meter westlich des Aussichtsturmes verläuft der mit X gekennzeichnete Eggeweg. Dieser Fernwanderweg führt auf 72 km Länge auf dem Kamm des Eggegebirges von den Externsteinen bei Horn-Bad Meinberg ins Diemeltal bei Marsberg. Er ist Teil des europäischen Fernwanderweges E1 und wird seit einigen Jahren zusammen mit dem Hermannsweg unter dem Begriff Hermannshöhen vermarktet. Mit der Iburg und dem Velmerstot liegen zwei weitere Aussichtpunkte dieses Buches am Eggeweg.

Weitere Infos

Der Zugang zum Aussichtsturm Bierbaums Nagel ist von Borlinghausen auf der Ostseite der Egge oder von Kleinenberg auf der Westseite möglich.
Von Borlinghausen aus kann man auf einem mit A3 gekennzeichneten, etwa 6 km langen Rundwanderweg wandern. Er führt ein kleines Stück über den Eggeweg. Der Aussichtsturm liegt etwa 200 Meter östlich des Eggeweges. Von Kleinenberg aus ist er vom Wanderparkplatz an der Willebadessener Straße (L 763) zu erreichen. Vom Parkplatz folgt man etwa 1 km dem Wanderweg in östlicher Richtung. An der Wegekreuzung geht es weiter auf dem Eggeweg Richtung Süden. Nach weiteren 2,5 km gelangt man an den Teutoniaklippen vorbei zum Aussichtsturm.

den Fernmeldeturm auf dem Eggekamm bis nach Willebadessen und zu den Windrädern am rechten Bildrand.

Oben: Der markante Sporn der Blüte (oben) soll an den Federschopf der Haubenlerche erinnern und führte zu dem Namen Lerchensporn.

Rechts: Hohler Lerchensporn kommt rot- und weißblühend vor. Die rotblühende Form ist etwas häufiger.

Unten: Ein Blütenteppich aus Lerchensporn überzieht jedes Frühjahr die Berghänge am Bauerkamp.

Von lokaler Bedeutung:

BAUERKAMP Gemeinde Schlangen, Kreis Lippe

Wie im Teutoburger Wald gibt es auch im Eggegebirge entlang der Wanderwege viele weitere Stellen mit attraktiven Aussichten. Einen schönen Blick nach Westen hat man vom Wanderparkplatz „Bauerkamp“ in Schlangen. Der Parkplatz liegt an der Kreisstraße 98 zwischen Schlangen und Veldrom. Auf dem Weg vom Parkplatz zur Gaststätte Bauerkamp blickt man in Richtung Westen über Schlangen und Bad Lippspringe in die Senne. Mehrere Rundwanderwege sind von hier zu erwandern. Beim Naturpark Teutoburger Wald/Eggegebirge ist ein kostenloses Faltblatt mit Rundwanderwegen in der Umgebung erhältlich. Besonders lohnend ist eine Wanderung auf dem Rundwanderweg A1 (ca. 4,5 km) zur Zeit der Lerchensporn-Blüte im März oder April.

LIPPISCHES BERGLAND

Das Lippische Bergland ist eine stark gegliederte, abwechslungsreiche Landschaft, die im Norden und Osten von der Weser und im Westen durch die Werre begrenzt wird. Im Unterschied zum westlich angrenzenden flachwelligen Ravensberger Hügelland gibt es im Lippischen Bergland größere Höhenunterschiede. Auf kleinem Raum können sie über 150 Meter betragen. Die höchste Erhebung in Ostwestfalen-Lippe, der Köterberg, liegt mit 497 Meter NN im Grenzbereich zum südlich anschließenden Brakeler Bergland.

Der geologische Untergrund des Lippischen Berglandes besteht aus Sandsteinen, Mergeln und Tonen des Keupers. In den Senken sind sie oft von Löss oder Geschiebelehm bedeckt.

Die Landschaft des Lippischen Berglandes wird durch viele kleinere und größere Waldgebiete gegliedert. Diese Buchen- und Eichen-Hainbuchenwälder stehen meist auf den steileren Höhen. Das größte Waldgebiet ist der Schwalenberger Wald nordöstlich von Schieder-Schwalenberg. Landwirtschaftlich genutzte Flächen nehmen die weniger steilen Flächen und die Senken ein. Sie werden fast ausschließlich als Äcker genutzt.

Die größeren Bachtäler wie das Emmertal und das Tal der Bega sind oft naturnah ausgebildet mit Grünland in den Auen und bachbegleitenden strukturreichen Ufergehölzen.
In nordöstlicher Richtung grenzt das aus Muschelkalk aufgebaute Pyrmonter Bergland an das Lippische Bergland.

Das Lippische Bergland wird durch den Wechsel von Wäldern und landwirtschaftlichen Flächen gegliedert.

Freie Sicht bis zum Wiehengebirge und zum Teutoburger Wald

BISMARCKTURM BAD SALZUFLEN

Stadt Bad Salzuflen, Kreis Lippe

Der Bismarckturm erhebt sich 22 Meter hoch auf einer Lichtung bei Hollenstein.

Lage

Der Bismarckturm liegt etwa 3 km östlich von Bad Salzuflen in der Nähe des Ortsteiles Hollenstein auf einer Lichtung. Das benachbarte Waldgebiet des Vierenberges gehört zum Salzufler Stadtforst. Der Turm hat einen quadratischen Grundriss und ist aus behauenen Sandsteinen gebaut.

Geschichte

Anfang des 20. Jahrhunderts wurde der Bismarckturm im damaligen Amt Schötmar erbaut. Die Bausumme kam durch Spenden von Bürgern zusammen. Der Turm wurde nicht nach den Einheitsentwürfen für Bismarcktürme errichtet. Der Architekt entwarf einen wuchtig wirkenden Turm mit wehrhaftem Charakter (z.B. mit schießschartenähnlichen Öffnungen). Auf der Aussichtsplattform konnten damals auf acht Pfannen Feuer entzündet werden.

In den Jahren 1999 und 2004 wurde der Bismarckturm grundlegend saniert und Anfang 2005 wieder für Besucher geöffnet.

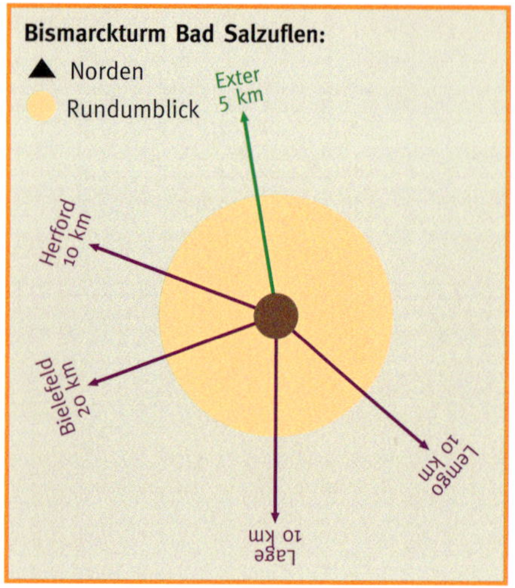

Aussicht

Vom Bismarckturm hat man eine freie Rundumsicht. Von hier aus kann man das gesamte Gebiet zwischen dem Wiehengebirge und dem Teutoburger Wald überblicken. Im Norden des Turmes erstreckt sich das abwechslungsreiche Lippische Bergland mit einem Mosaik aus Äckern und Feldgehölzen. Am Wiehengebirge erkennt man die breite Porta Westfalica sowie links davon das Kaiser-Wilhelm-Denkmal und rechts davon den Fernmeldeturm auf dem Jakobsberg.

Das Ravensberger Hügelland vom Bismarckturm Bad Salzuflen gesehen.

Zwischen den beiden Gebirgskämmen liegen viele Städte und Ortschaften des Lippischen Berglandes und des Ravensberger Hügellandes im Blickfeld des Turmes:

- Bad Salzuflen (3,5 km, 260°)
- Herford (10 km, 290°)
- Exter (mit Gewerbegebiet) (5 km, 350°)
- Lemgo (10 km, 130°)
- Lage (10 km, 180°)
- Schötmar (zu Bad Salzuflen) (3 km, 230°)
- Bielefeld (20 km, 250°)

Auf dem lang gestreckten Kamm des Teutoburger Waldes stehen (von links nach rechts) das Hermannsdenkmal, der Sender Bielstein, die Sparrenburg und der Sender Hünenburg. Gut zu erkennen sind auch die Einschnitte der Dörenschlucht und des Bielefelder Passes, etwas kleiner ist der Einschnitt des dazwischen liegenden Oerlinghauser Passes.

Deutlich zeichnet sich der Einschnitt der Porta Westfalica im Wiehengebirge ab. Am linken Rand des Einschnitts ist das Kaiser-Wilhelm-Denkmal zu erkennen.

Wandermöglichkeiten

Der Bismarckturm liegt an dem mit X9 gekennzeichneten Hansaweg. Der 72 Kilometer lange Wanderweg im nordlippischen Bergland verläuft von Herford über Bad Salzuflen, Lemgo, Burg Sternberg und Bösingfeld nach Hameln. Er verbindet die alten Hansestädte Herford, Lemgo und Hameln. Mehrere Aussichtspunkte liegen am Weg (Bismarckturm in Herford, Bismarckturm in Bad Salzuflen, Aussichtsturm in Lemgo, Hohe Asch in Bösingfeld).

Ein weiterer Hauptwanderweg, der am Bismarckturm vorbeiführt, ist der Karl-Bachler-Weg, früher auch Nordlippischer Bergpfad genannt (X4). Er verläuft auf 77 Kilometer Länge von Bad Salzuflen über Rinteln, Bad Eilsen und Bückeburg nach Loccum.

Einkehrmöglichkeit

Bergrestaurant „Hollenstein“

Weitere Infos

Die einzige gute Parkmöglichkeit gibt es beim Bergrestaurant „Hollenstein“. Von dort ist der Aussichtsturm in 10 Minuten zu Fuß erreichbar. Nach wenigen Metern auf der Straße „Vierenberg“ folgt man nach links einem schmalen Feldweg und erreicht nach 500 Metern den Turm.

Der Turm ist von Mai bis Oktober jeden ersten Sonntag im Monat von 10–18 Uhr geöffnet. Außerhalb dieser Zeiten kann man den Schlüssel zum Aussichtsturm bei den Wirtsleuten des Bergrestaurants „Hollenstein“ gegen ein Pfand erhalten.

Exkurs

BISMARCKTÜRME

Bismarckturm Herford – S. 71

Bismarckturm Bad Salzuflen – Seite 48

Bismarckturm Höxter – S. 33

Im deutschen Kaiserreich wurden nach den sogenannten Einheitskriegen von 1864, 1866 und 1870/71 zahllose Siegesdenkmäler und Denkmäler zu Ehren Kaiser Wilhelms und des damaligen Reichskanzlers Fürst Otto von Bismarck errichtet. Die Größe dieser Denkmäler reicht von einfachen Gedenktafeln bis zu Türmen und Figurengruppen.

Besonders die Deutsche Studentenschaft setzte sich stark für den Bau von Bismarcktürmen ein. Nach ihrer Idee sollten an bestimmten Tagen (z.B. an Bismarcks Geburtstag) Feuer auf den Türmen entzündet werden. Auf vielen Türmen wurden dann auch tatsächlich Befeuerungsvorrichtungen angebracht. Häufig wurden sie an erhöhten Stellen gebaut. Durch die exponierte Lage bot sich oft eine Funktion als Aussichtsturm an.

Bauweise

Die Türme ahmen einen mittelalterlichen Stil nach und sind sehr wuchtig ausgeführt. Für den Bau wurden häufig Gesteine aus der näheren Umgebung verwendet. Viele Türme wurden durch Spenden aus dem Bürgertum finanziert.

Zugang

Von den zwischen 1868 und 1934 etwa 240 gebauten Bismarcktürmen stehen noch etwa 170. In Nordrhein-Westfalen gibt es heute noch 24 von ehemals 31 Bismarcktürmen.

Mehrere Bismarcktürme sind heute für die Öffentlichkeit zugänglich und dienen als Aussichtspunkte, so z.B. die Bismarcktürme in Bad Salzuflen, Herford und Höxter.

Weitere Informationen im Internet

www.bismarcktuerme.de

Vom Lippischen Bergland zum Weserbergland

HOHE ASCH Gemeinde Extertal, Kreis Lippe

Lage

Der Hohe Asch liegt etwa 2,5 Kilometer südöstlich von Bösingfeld in der Gemeinde Extertal. Der Betonturm steht 371 Meter über dem Meeresspiegel. Im Turm führen 70 Stufen auf eine Aussichtsplattform. Von dort hat man eine gute Rundumsicht.

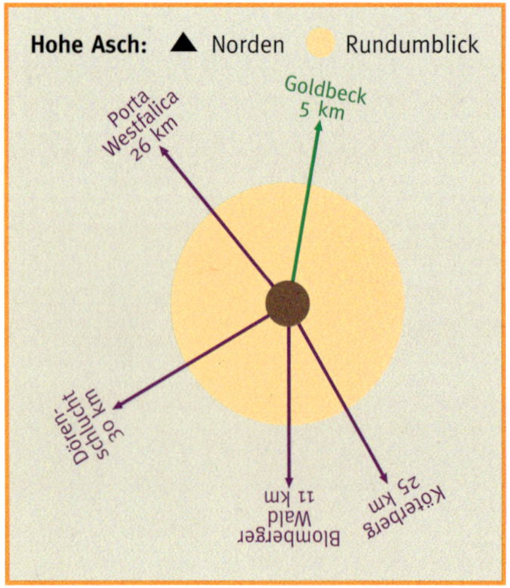

Aussicht

Vom Aussichtsturm Hohe Asch sieht man nach allen Richtungen weit ins Lippische Bergland und ins Weserbergland. Im Nordwesten breitet sich dicht unter dem Turm die Ortschaft Bösingfeld aus (2,5 km, 310°). Sie liegt in einer Quellmulde der Exter, die nach Norden fließt und nach etwa 15 Kilometern bei Rinteln in die Weser mündet. Im Mittelgrund stehen einige Windräder.

Die kleine Ortschaft Goldbeck (5 km, 10°) liegt bereits in Niedersachsen vor den Laubwäldern des Staatsforstes Rinteln, die zum Wesergebirge gehören. Den Horizont links davon bestimmt der Höhenzug des Wiehengebirges mit der Porta Westfalica (26 km, 320°) und einigen kleineren Pässen.

Viele aus den harten Keuper-Sandsteinen aufgebaute Bergkuppen des Lippischen Berglandes sind vom Aussichtspunkt Hohe Asch in westlicher Richtung zu sehen, z.B. der Dörenberg vor Dörentrup (7 km, 270°) mit der nahe gelegenen Burg Sternberg und der Rafelder Berg mit dem Langenholzhauser Forst (14 km, 300°).

Nach Süden blickt man bis zum Köterberg mit dem Fernmeldeturm (25 km, 150°), auf den Schwalenberger Wald (18 km, 170°) und den Blomberger Wald (11 km, 180°). In der Silhouette des Teutoburger Waldes ist der Einschnitt der Dörenschlucht zu erkennen (30 km, 240°) sowie der Pass von Oerlinghausen (35 km, 250°).

Wandermöglichkeiten

Der Hohe Asch liegt an dem mit X9 gekennzeichneten Hansaweg. Der 72 Kilometer lange Wanderweg im nordlippischen Bergland verläuft von Herford über Bad Salzuflen, Lemgo, Burg Sternberg und Bösingfeld nach Hameln. Er verbindet die alten Hansestädte Herford, Lemgo und Hameln. Mehrere Aussichtspunkte liegen am Weg (Bismarckturm in Herford, Bismarckturm in Bad Salzuflen, Aussichtsturm in Lemgo, Hohe Asch in Bösingfeld).

Ebenso wie die Aussichtspunkte Köterberg und Mühlenpott in Barntrup liegt auch der Hohe Asch am Wanderweg X5, dem Dingelstedtpfad. Dieser verläuft auf 106 Kilometer Länge von Bad Oeynhausen bis nach Polle an der Weser.

Weitere Infos

Der Aussichtsturm auf dem Hohen Asch ist in Bösingfeld ausgeschildert. Parkmöglichkeiten gibt es direkt am Turm und an der Schulstraße ca. 1,5 Kilometer vorher. Von dort kommt man auf dem Wanderweg A1 zum Aussichtsturm.

Der Turm ist ganzjährig geöffnet.

Weit geht der Blick über Bösingfeld hinweg zum Wesergebirge am Horizont.

Ein Kleinod unter den Aussichtstürmen

MÜHLENPOTT Stadt Barntrup, Kreis Lippe

Unverkennbar:
In früheren Jahren diente der Aussichtsturm als Windmühle.

Lage

Der Mühlenpott liegt etwa 3 Kilometer nordöstlich von Barntrup in der Feldflur.

Geschichte

Der Aussichtsturm Mühlenpott ist der Stumpf einer alten Windmühle, der zu einem Aussichtsturm umgebaut wurde.

Aussicht

Von der Aussichtsplattform auf dem Mühlenpott hat man eine freie Rundumsicht über einen großen Bereich des Lippischen Berglandes. Im Südosten liegt Barntrup (3 km, 240°), im Osten blickt man auf die Ortschaft Sonneborn (1,5 km, 80°), einem kleinen Ortsteil von Barntrup. Wenige Meter dahinter verläuft die Landesgrenze nach Niedersachsen.

Wandermöglichkeiten

Der Aussichtsturm Mühlenpott liegt am Wanderweg X5, dem Dingelstedtpfad. Dieser verläuft auf 106 Kilometer Länge von Bad Oeynhausen bis nach Polle an der Weser. Neben dem Mühlenpott liegen auch die Aussichtspunkte Hohe Asch und Köterberg an diesem Hauptwanderweg.

Von Barntrup aus ist der Mühlenpott auf dem X5 gut zu erreichen. Vom Schloss aus sind es etwa 4 Kilometer.

Einkehrmöglichkeiten

Die nächsten Einkehrmöglichkeiten gibt es in Barntrup und in Sonneborn.

Weitere Infos

Der „Mühlenpott" ist mit dem PKW nicht erreichbar. Die Zufahrtswege sind nur für land- und forstwirtschaftliche Fahrzeuge und Fahrräder freigegeben. Der Turm ist ganzjährig geöffnet.

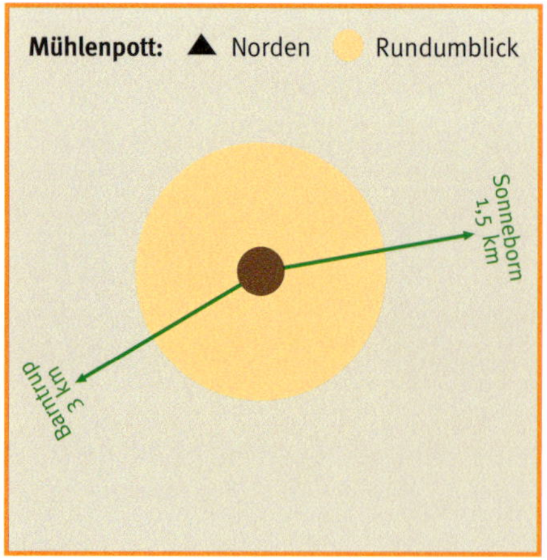

Blick auf das reizvolle Lippische Bergland. Links im Bild liegt Barntrup.

Vom Kahlenbergturm schaut man in nordwestlicher Richtung auf Schieder (im Vordergrund) und Blomberg.

Der Aussichtsturm des Lippischen Fürstenhauses

KAHLENBERGTURM

Stadt Schieder-Schwalenb., Kreis Lippe

Lage

Der Kahlenbergturm liegt im westlichen Teil des Schwalenberger Waldes ca. 1,5 Kilometer östlich des Ortsteiles Schieder.

Der etwa 24 Meter hohe Turm ist aus Bruchsteinen gebaut. Auf einem viereckigen Sockel steht ein runder Aussichtsturm. Der Kahlenbergturm steht auf 314 Meter NN.

Geschichte

Der Aussichtsturm auf dem Kahlenberg wurde 1840/41 vom Lippischen Fürstenhaus als Ergänzung zu ihrer Sommerresidenz, dem Schloss und Park in Schieder erbaut. Von dem damals wirklich kahlen Berg konnte man rundum weit ins Lipperland schauen. Heute ist die Sicht nur nach Westen und Norden offen. Aus etwa der gleichen Zeit stammt der Aussichtsturm Bierbaums Nagel im Eggegebirge, siehe Seite 44.

Aussicht

Von der kleinen Aussichtsplattform blickt man nach Osten und Süden in die Baumkronen der Buchen des Schwalen-

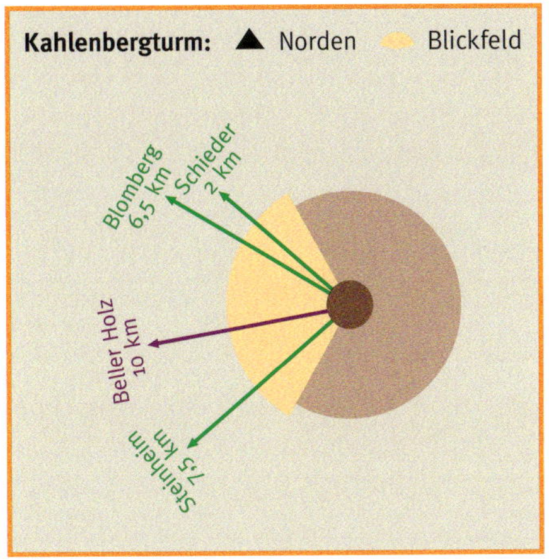

berger Waldes. Nach Norden und Westen ist der Blick frei. Er geht über Schieder mit dem Schieder-Möbelwerk (2 km, 310°) nach Blomberg (6,5 km, 300°) und über Steinheim (7,5 km, 230°) zum Eggekamm. Hinter dem Waldgebiet des Beller Holzes (10 km, 260°) liegt Horn-Bad Meinberg. Zu erkennen ist der Schornstein der Firma Hornitex.
Der nahe gelegene Emmer-Stausee bei Schieder ist durch Bäume verdeckt und nicht zu sehen.

Wandermöglichkeiten

Der Weitwanderweg X2, auch Burgensteig genannt, geht über den Kahlenberg. Auf 92 km Länge führt er von Porta-Westfalica bis Höxter in nord-südlicher Richtung durch Lippe. Stationen sind die Weserfähre Veltheim, Burg Sternberg, Barntrup, Schieder und Schwalenberg. Die zahlreichen Burgen und Schlösser am Weg haben den Namen Burgensteig geprägt.
Am Fuß des Kahlenbergs führt der Weitwanderweg X5, der Dingelstedtpfad, vorbei.

Einkehrmöglichkeiten

Die nächsten Einkehrmöglichkeiten gibt es in Schieder.

Weitere Infos

Der Kahlenbergturm ist mit dem PKW nicht erreichbar. Von der Pyrmonter Straße in Schieder (Ortsausfahrt in Richtung Lügde) führt etwa 200 Meter nach dem Beginn des Waldes auf der rechten Seite ein Weg in den Wald. Nach etwa 100 Metern geht ein schmaler Weg nach links (Schild: Kahlenbergturm 900 m). Durch alten Buchen- und Eichenwald geht es erst langsam, dann steiler bergauf. Der Kahlenbergturm steht auf der Bergkuppe. Er ist ganzjährig geöffnet. 100 Steinstufen führen nach oben.

Beim Naturpark Teutoburger Wald/Eggegebirge ist ein kostenloses Faltblatt mit Rundwanderwegen in der Umgebung erhältlich.

Die Aussichtsplattform des Kahlenbergturmes gewährt Ausblicke durch 12 Spitzbogenfenster.

Exkurs

Siedlungsformen

VON HAUFEN UND DRUBBELN

Zwei typische Siedlungsformen in Ostwestfalen-Lippe

Lässt man von einem Aussichtsturm den Blick über die Landschaft schweifen, ist dies eine gute Gelegenheit, einen Eindruck von den typischen Siedlungsformen in OWL zu bekommen.

Die traditionellen Siedlungsformen in unserer Region sind die Haufendörfer und die Streusiedlungen. Unter Streusiedlung versteht man Einzelhöfe und Drubbel. Drubbel ist die westfälische Bezeichnung für kleine Weiler, bestehend aus 3 – 15 Gehöften. Im Gegensatz zu der Streusiedlung, hat man bei einem Haufendorf den Eindruck einer geschlossenen Bebauung mit einer Kirche und einem Gasthaus als Ortskern.

Die Streusiedlung mit den weiter auseinander liegenden Einzelhöfen oder Drubbeln ist die markante Siedlungsform im Ravensberger Hügelland, im Teutoburger Wald und im Wiehengebirge. Man kann sie außerdem gut im nordwestlichen Lippischen Bergland und in der Westfälischen Bucht erkennen.

Die Haufendörfer sieht man dagegen besonders gut von den Aussichtspunkten im Brakeler Bergland, Eggegebirge, östlichen Lippischen Bergland, auf der Paderborner Hochfläche und in der Warburger Börde.

Nach dem 2. Weltkrieg haben sich die traditionellen Siedlungsformen durch zahlreiche Bautätigkeiten geändert. Neue Wohnsiedlungen und Gewerbeansiedlungen entstanden an den Dorfrändern. Außerdem wurden landwirtschaftliche Betriebe aus den alten Dorfkernen ausgesiedelt, oft um Platz zu schaffen für Ortsdurchfahrten und andere Infrastrukturmaßnahmen. Solche Aussiedlerhöfe sieht man vor allem gut auf der südlichen Paderborner Hochfläche.

Haufendorf, hier Daseburg in der Warburger Börde, und Streusiedlung im Teutoburger Wald, gesehen von der Ravensburg.

Spektakuläre Aussichten vom höchsten Punkt in OWL

KÖTERBERG Stadt Lügde, Kreis Lippe

Winterblick auf den Köterberg mit dem markanten Fernmeldeturm. Der Turm selbst ist nicht öffentlich zugänglich.

Lage

Der Köterberg ist mit 497 Meter NN die höchste Erhebung in Ostwestfalen-Lippe. Er erhebt sich ca. 400 Meter über dem Wesertal von Höxter und Holzminden und liegt etwa zwischen Höxter und Lügde. Der Gipfel befindet sich auf dem Stadtgebiet von Lügde. Der südliche Berghang gehört zum Stadtgebiet von Höxter. Eine schmale Landzunge, die bereits zu Niedersachsen gehört, ragt auf den Südhang. Mit seinem Fernmeldeturm ist der Köterberg von weither gut zu erkennen.

Wie die anderen Berge des Lippischen Berglandes besteht auch die Kuppe des Köterberges aus den harten Sandsteinen des Keupers. Nach Osten hin fällt der Köterberg auf mehreren Kilometern Länge in verschiedenen Schichtstufen zur Weser ab: Von oben nach unten sind dies die Schichten des Keupers, des Muschelkalks und des Buntsandsteins. Östlich des Wesertales steigt das Gelände im Solling langsam an. Hier steht der Mittlere Buntsandstein oberflächlich an.

Geschichte

Der Fernmeldeturm auf dem Köterberg wurde 1971 von der deutschen Bundespost erbaut. Er ist etwa 100 Meter hoch und dient dem drahtlosen Telefonverkehr.

Aussicht

Der Gipfelbereich des Köterberges ist waldfrei und bietet daher eine schöne Rundumsicht. Bei gutem Wetter können auch weit entfernte Ziele erkannt wer-

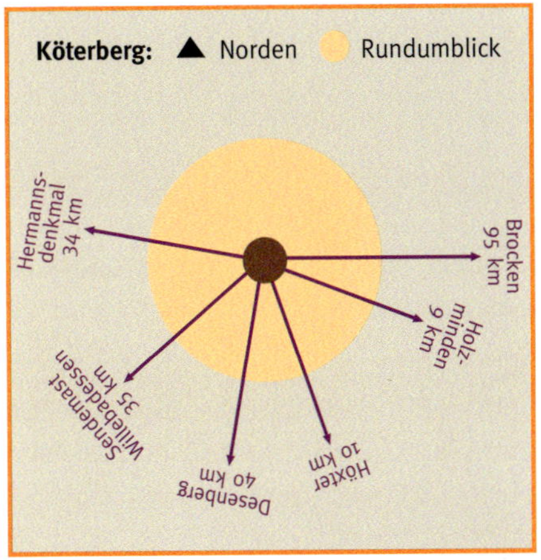

Holzminden im Wesertal vor dem Solling liegt mehr als 400 Meter tiefer als der Köterberg.

den, z.B. der Brocken im Harz (95 km, 90°), der Desenberg bei Warburg (40 km, 190°), das Hermannsdenkmal (34 km, 280°) und der Bielsteinsender (35 km, 270°) im Teutoburger Wald, der Sender bei Willebadessen (35 km, 230°) oder der Herkules bei Kassel (60 km, 170°). Der Blick geht nach Westen und Nordwesten weit über das Lippische Bergland und das Steinheimer Becken zum Teutoburger Wald, in der anderen Richtung über das Wesertal in den Solling, im Süden liegt das Brakeler Bergland, dahinter die Warburger Börde.

Vor der Waldkulisse des Schwalenberger Waldes stehen vereinzelte Windräder (zwischen Niese und Rischenau).

Viele Dörfer und Städte sind zu sehen. Im Wesertal liegen die Ortskerne von Höxter (10 km, 160°) und Holzminden (9 km, 110°).

Vom Köterberg kann man zu Punkten in insgesamt fünf Bundesländern blicken (Nordrhein-Westfalen, Niedersachsen, Hessen, Thüringen, Sachsen-Anhalt).

Wandermöglichkeiten

Über den Köterberg führen die Weitwanderwege X5, X18 und X19. Der Wanderweg X5, auch Dingelstedtpfad genannt, verläuft auf 106 Kilometer Länge von

Lippisches Bergland

Bad Oeynhausen bis nach Polle an der Weser. Neben dem Köterberg liegen auch die Aussichtspunkte Hohe Asch und Mühlenpott an diesem Hauptwanderweg. Der Kasseler Weg (X18) führt von Hameln nach Bad Karlshafen. Auf dem Uslar-Weg (X19) kann man von Uslar nach Bad Pyrmont wandern.

Einkehrmöglichkeit

Berghotel „Köterberg"

Weitere Infos

Mit dem Auto ist der Köterberg von der Bundesstraße 239 aus über die Dörfer Niese und Köterberg zu erreichen. Auf der weitläufigen Bergkuppe gibt es ausreichend Parkmöglichkeiten. Bei schönem Wetter ist aber auch dieser große Parkplatz voll, da der Köterberg ein sehr beliebter Treffpunkt für Motorradfahrer ist, aber z.B. auch für Amateurfunker. Wegen der weiten Rundumsicht war der Köterberg schon immer ein wichtiger Punkt für die Landesvermessung.

Im Vordergrund sieht man Bödexen. Auf dem Ziegenberg (hinten rechts) liegen zwei weitere Aussichtspunkte mit Blick in das dahinter liegende Wesertal: Rodeneckturm und Brunsberg.

Bei einer winterlichen Inversionswetterlage ragen nur noch die höheren Kuppen mit den Windrädern aus dem Dunst heraus.

Über den Buchen der Lemgoer Mark

AUSSICHTSTURM LEMGO Stadt Lemgo, Kreis Lippe

Mit einer Höhe von 37 Meter ragt der schlanke Aussichtsturm über die Buchen.

Lage

Etwa 3 Kilometer nordöstlich von Lemgo liegt der Aussichtsturm in einem Buchenwald der Lemgoer Mark. Im Hangbereich des Windelsteins, der etwa 1,5 Kilometer weiter östlich seinen höchsten Punkt hat (347 Meter NN), steht der 37 Meter hohe Turm in 281 Meter Höhe.

Geschichte

Der Aussichtsturm wurde 1880 zusammen mit der Gaststätte im städtischen Forst erbaut. Solche Ausflugsziele im Grünen waren im 19. Jahrhundert in Deutschland große Mode, besonders in der Umgebung von Städten. Nach einem Spaziergang durch den Wald und Besuch des Ausflugslokals genossen bereits seinerzeit die Lemgoer die Aussicht vom Turm auf ihre alte Hansestadt.

Aussicht

Vom Aussichtsturm hat man einen freien Blick nach Süden und Südwesten. Über den Stadtwald blickt man in südwestlicher Richtung in den Altstadtkern von Lemgo hinein. Die Altstadt liegt auf etwa 100 Meter und damit mehr als 200 Meter tiefer als die Turmspitze. Durch die Baumkronen hindurch kann man die Kirchtürme von St. Marien, St. Nicolai und St. Johann sehen. Am Horizont liegt im Süden und Südwesten der Höhenzug der Egge und des Teutoburger Waldes. Von links nach rechts sind als markante Punkte der Velmerstot (hinter dem Sendemast und den Windrädern auf dem Wiembecker Berg), das Hermannsdenkmal, der Sendemast Bielstein, der tiefe Einschnitt der Dörenschlucht (links hinter den Kirchtürmen der Altstadt), der auffällige Hermannsberg zwischen den Kämmen des Hörster Berges und des Stapelager Berges

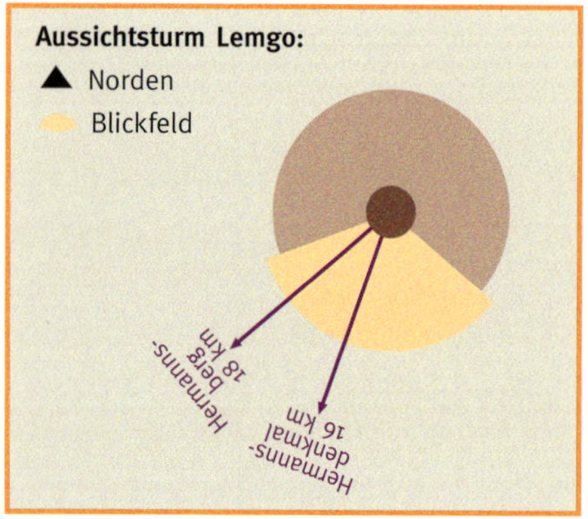

(hinter denen der Truppenübungsplatz Stapel liegt) sowie der Pass von Oerlinghausen zu erkennen. In nordwestlicher, nördlicher, nordöstlicher und östlicher Richtung blickt man in die Baumkronen des umgebenden Buchenwaldes.

Wandermöglichkeiten

Der Aussichtsturm liegt an dem mit X9 gekennzeichneten Hansaweg. Der 72

Kilometer lange Wanderweg im nordlippischen Bergland verläuft von Herford über Bad Salzuflen, Lemgo, Burg Sternberg und Bösingfeld nach Hameln. Er verbindet die alten Hansestädte Herford, Lemgo und Hameln. Mehrere Aussichtspunkte liegen am Weg (Bismarckturm in Herford, Bismarckturm in Bad Salzuflen, Aussichtsturm Lemgo, Hohe Asch in Bösingfeld).

Einkehrmöglichkeiten

Waldgaststätte „Aussichtsturm"
Gaststätte „Schöne Aussicht"

Weitere Infos

Parkmöglichkeiten gibt es direkt am Turm. Wenn der Turm verschlossen ist, kann man in der Waldgaststätte „Aussichtsturm" nach dem Schlüssel fragen.

Blick auf die alte Hansestadt Lemgo mit den markanten Kirchtürmen, im Hintergrund der Teutoburger Wald mit dem deutlichen Einschnitt an der Dörenschlucht.

Von lokaler Bedeutung:

GRAFENBLICK VON DER BURG SCHWALENBERG

Stadt Schieder-Schwalenberg, Kreis Lippe

Verwinkelte Gassen mit Fachwerkhäusern – die idyllische Altstadt von Schwalenberg.

Am Westhang des Berges unterhalb der Burg Schwalenberg bietet der „Grafenblick“ einen freien Blick nach Westen über die Ortschaft Schwalenberg hinweg bis zum Teutoburger Wald und zum Eggegebirge. Schwalenberg wurde erstmals 1231 urkundlich erwähnt. Die Gründung der Burg liegt ebenfalls in der ersten Hälfte des 13. Jahrhunderts. Die heutige Burganlage stammt überwiegend aus den Jahren 1627/28. Aktuell wird sie als Hotel und Restaurant genutzt. Den Berghang mit dem schönen Blick erreicht man vom Parkplatz auf dem Burgberg oder vom Ortskern von Schwalenberg aus.

PADERBORNER HOCHFLÄCHE

Der Süden der Westfälischen Bucht

Den südlichen Abschluss der Westfälischen Bucht bildet die Paderborner Hochfläche. Sie wird im Westen zur Hellwegbörde durch das Almetal und im Osten durch die Egge begrenzt. Südlich liegen das Sauerland und das Waldecker Land.

Die Paderborner Hochfläche ist eine flachwellige Kalkhochfläche; sie ist schwach nach Nordwesten geneigt und liegt etwa zwischen 250 und 350 Meter NN. Gegliedert wird sie von wenigen tief eingeschnittenen wasserführenden Kastentälern und zahlreichen Trockentälern. Die breiten Kastentäler führen meist viel Wasser, der Rest der Landschaft ist überwiegend trocken.

Der geologische Untergrund besteht – ebenso wie die tiefen Schichten in der Westfälischen Bucht – aus Kalkgestein der Oberen Kreide. Klüfte im Gestein bilden das Talsystem der Paderborner Hochfläche. Vielfach versickert das Wasser und tritt erst am Nordrand der Hochfläche wieder zu Tage (z.B. Paderquellen in Paderborn und Lippequelle in Bad Lippspringe). Dadurch bilden sich typische Karstelemente wie Hohlräume, Erdfälle und periodisch trockenfallende Fließgewässer.

Die Kalkböden sind fast überall von einer mehr oder weniger mächtigen Lössschicht bedeckt. Sie sind sehr fruchtbar, daher wird der überwiegende Teil der Landschaft ackerbaulich genutzt. Grünland ist auf die wasserführenden Kastentäler beschränkt. Im nördlichen Teil der Paderborner Hochfläche sind es die Talsysteme der Sauer und Altenau, im südlichen Teil die der Afte und Alme. Sie entwässern alle in die Lippe. Kleine Waldflächen und mehrere ausgedehnte Waldgebiete gliedern die Agrarlandschaft.

Fruchtbare Hellwegbörde

Die westlich angrenzende Hellwegbörde liegt am Südrand der Westfälischen Bucht und zieht sich entlang der alten Hellwegstädte Unna, Werl und Soest bis nach Geseke und Salzkotten. Sie wird charakterisiert durch die mächtigen nacheiszeitlichen Lössböden, auf denen bereits in der Steinzeit vor etwa 6.000 Jahren Getreide angebaut wurde.

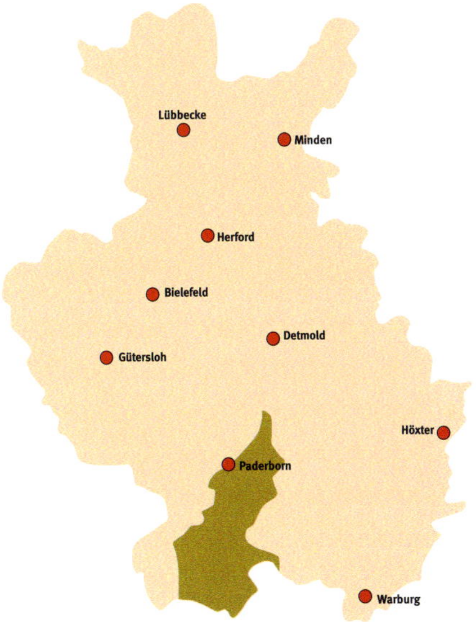

Die Paderborner Hochfläche ist eine flache, durch tief eingeschnittene Täler gegliederte Landschaft.

Der Beobachtungsturm war im Mittelalter Bestandteil des Verteidigungssystems von Paderborn.

Blick auf die Domstadt Paderborn

HAXTER WARTE

Stadt Paderborn, Kreis Paderborn

■ Lage

Die Haxter Warte liegt etwa 4 km südlich von Paderborn auf dem Haxterberg in 225 Meter NN. Etwa 2 km weiter westlich befindet sich der Landeplatz Paderborn-Haxterberg.

■ Geschichte

Die Haxter Warte ist Teil der mittelalterlichen Paderborner Landwehr aus dem 14. Jahrhundert. Die Stadt Paderborn war in einem Abstand von drei bis fünf Kilometern von einer vollständig geschlossenen Ringlandwehr umgeben. Die Haxter Warte, auch Lichtenturm genannt, war einer der sieben Warttürme. Ein weiterer Wartturm der Paderborner Landwehr, die Pamelsche Warte, liegt etwa drei Kilometer entfernt in nordöstlicher Richtung. Sie ist heute nur noch als Ruine erhalten.

Der Lichtenturm wurde 1945 zerstört und im Jahr 1986 wieder aufgebaut und als Aussichtsturm hergerichtet.

■ Aussicht

Die Haxter Warte liegt am Nordrand der Paderborner Hochfläche. In südlicher Richtung steigt das Gelände langsam an. Der Geländeanstieg wird direkt hinter dem Aussichtsturm durch das tief eingeschnittene Ellerbachtal unterbrochen. Hoch aufgewachsene Bäume und Gebüsch umgeben die Haxter Warte, so dass eine mögliche Rundumsicht stark eingeschränkt wird. Die Aussicht ist zur Zeit nur in nördlicher und nordwestlicher Richtung möglich. Hier kann man gut den Turm des Paderborner Domes (4 km, 320°) und den links davon liegenden dunklen Gebäudekomplex der Universität Paderborn (2 km, 310°) sehen. Bei guter Fernsicht kann man über die Innenstadt von Paderborn und

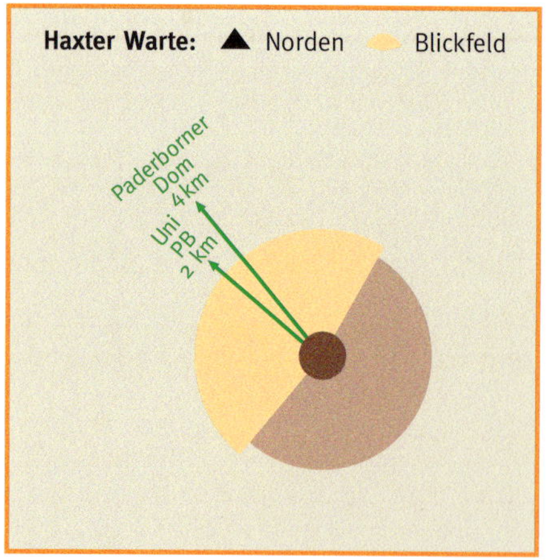

die Senne hinweg am Horizont gut die Bergkette des Teutoburger Waldes bei Bielefeld erkennen.

Wandermöglichkeiten

Im nahe gelegenen Naherholungsgebiet Haxtergrund (auch Haxterholz genannt) bieten sich viele Wege zum Spazierengehen und Wandern an.

Einkehrmöglichkeiten

Gaststätte Weyher
Wald- und Wiesencafé

Weitere Infos

Der am nächsten gelegene Parkplatz liegt am Knickweg. Auf der Bundesstraße 68 von Paderborn in Richtung Warburg fährt man ca. 1 Kilometer hinter der Bundesstraße 64 (Umgehungsstraße Paderborn) rechts ab (Schild zum Landeplatz Paderborn-Haxterberg), nach 500 Metern biegt man rechts in den Knickweg ein und erreicht nach weiteren 500 Metern einen Parkplatz. Bis zur Haxter Warte geht es von hier etwa 1 Kilometer auf dem Knickweg in nordöstlicher Richtung.
Der Aussichtsturm ist ganzjährig geöffnet.

Der romanische Westturm des Paderborner Doms St. Liborius ist gut zwischen den hohen Häusern zu erkennen. Links davon erhebt sich der Gebäudekomplex der Universität.

RAVENSBERGER HÜGELLAND

Das Ravensberger Hügelland ist ein leichtwelliges Hügelland auf etwa 80 bis 140 Meter NN. An mehreren Seiten wird es von höheren Bergländern umgeben, die über 300 Meter NN erreichen. Im Norden und Süden liegen die langgestreckten Höhenrücken des Wiehengebirges und des Teutoburger Waldes. Im Westen grenzt das Osnabrücker Hügelland mit den Meller Bergen an, im Osten liegt das Lippische Bergland.

Das Ravensberger Hügelland ist ringsum von höheren Bergländern umgeben.

Kernland der Ravensberger Grafen

Der heute gebräuchliche geografische Begriff des Ravensberger Hügellandes ist zu unterscheiden von dem historischen Territorium der ehemaligen Grafschaft Ravensberg, auch wenn sich der geografische Begriff von dem historischen ableitet. Das Gebiet des heutigen Ravensberger Landes war der Kernraum der ehemaligen Grafschaft Ravensberg, die sich aber weit darüber hinaus erstreckte: nach Süden über den Teutoburger Wald bis in die Senne und nach Norden über das Wiehengebirge bis in die norddeutsche Geestlandschaft. Stammburg der Ravensberger Grafen war die Ravensburg am Südabhang des Teutoburger Waldes bei Borgholzhausen.

Else, Werre und Hase

Zahlreiche größere und kleinere Bäche haben sich in den Untergrund eingetieft und unterteilen das Ravensberger Hügelland in viele flache Kuppen und Rücken. In West-Ost-Richtung durchzieht die flache Else-Werre-Niederung das Gebiet. Die Hase entwässert nach Westen, die Else fließt in östliche Richtung und mündet bei Löhne in die Werre.

Dicht besiedelt

Das Ravensberger Hügelland ist altes Siedlungsgebiet mit zahlreichen, über das ganze Land verteilten Einzelhöfen. Die fruchtbaren Lössböden brachten gute Erträge, so dass die Wälder hier schon früh gerodet und Äcker angelegt wurden. Das Gebiet wird überwiegend intensiv landwirtschaftlich genutzt. Kleine Wäldchen und Gebüsche sowie die um die vielen Einzelhöfe gelegenen Eichenkämpe geben der Landschaft einen parkartigen Charakter.

Das Oberzentrum Bielefeld ragt mit seinen nördlichen Stadtbezirken in das Ravensberger Hügelland hinein. Weitere Teile der Stadt gehören zu den Landschaftsräumen des Teutoburger Waldes und der Senne. Am Fuß des Teutoburger Waldes gelegen, ist die Stadt Werther ebenfalls Teil des Ravensberger Hügellandes. Am östlichen Rand, im Grenzbereich zum Lippischen Bergland, liegen Herford und Bad Oeynhausen. Mitten im Ravensberger Hügelland gelegene Ortschaften sind Enger und Spenge sowie Melle, Bünde und Löhne in der Elseniederung. Das Ravensberger Hügelland gehört heute zu den am dichtesten besiedelten Räumen in Deutschland.

Lössdecke über Tonsteinen

In geologischer Hinsicht wird das Ravensberger Hügelland als Herforder Liasmulde bezeichnet. Den geologischen Untergrund bilden Tonsteine des Lias, die von mächtigen Ablagerungen des Quartärs bedeckt sind (bis über 10 Meter, stellenweise über 20 Meter). Bei den Ablagerungen handelt es sich um Moränenmaterial und Schmelzwassersande aus der Saale-Eiszeit, die wiederum in der Weichsel-Kaltzeit von einer 1 bis 5 Meter mächtigen Lössdecke überlagert wurden. Aus der Saale-Eiszeit stammen auch die vielen Findlinge.

Blick auf vier mittelalterliche Kirchen

BISMARCKTURM HERFORD

Stadt Herford, Kreis Herford

Lage

Der Herforder Bismarckturm liegt etwa 2,5 Kilometer östlich von Herford auf dem höchsten Punkt des Stuckenberges (etwa 210 Meter NN) im Wald. Dieses Waldgebiet zwischen Herford und Bad Salzuflen wird durch die Autobahn A2 zerschnitten. Die Autobahn bildet hier etwa die Grenze zwischen den Kreisen Herford und Lippe.

Der wuchtige Bismarckturm Herford hat eine Höhe von 23 Metern.

Geschichte

Erbaut wurde der Herforder Bismarckturm im Jahr 1906. Die Baukosten wurden durch Spenden Herforder Bürger aufgebracht. Wichtig für die Wahl des Standortes war, dass man von dem Herforder Bismarckturm die Porta Westfalica sehen konnte. Der Turm wurde ursprünglich als Aussichtsturm mit einer Feuerschale (Durchmesser 3,5 Meter) gebaut, die mittlerweile entfernt wurde. 1993 wurde der Herforder Bismarckturm saniert, war aber nicht mehr für die Öffentlichkeit zugänglich, da man weitere Schäden durch Vandalismus befürchtete. Seit 1996 öffnen ehrenamtliche Mitarbeiter des „Freundeskreises Herforder Bismarckturm e.V.“ den Turm an Sonn- und Feiertagen. Im September 2006 fand am Turm eine Feier zum 100. Jahrestag der Erbauung statt.

Das Stadtpanorama von Herford.

Aussicht

Vom Bismarckturm hat man einen guten Überblick über die Innenstadt von Herford mit ihren vielen alten Kirchen (von links nach rechts: St. Marien, Münsterkirche, St. Jakobi, St. Johannis). Gut zu erkennen sind auch zwei bedeutende Industriebetriebe der Stadt: die Humana Milchunion im Süden (4,5 km, 250°) und die Herforder Brauerei Felsenkeller im Norden der Stadt (4,5 km, 300°).

In Richtung Bielefeld geht der Blick bis zur Sparrenburg (18 km, 230°) und zu den Türmen der Müllverbrennungsanlage in Bielefeld-Heepen (12 km, 220°). In nördlicher Richtung liegt Kirchlengern (10 km, 330°) und in westlicher

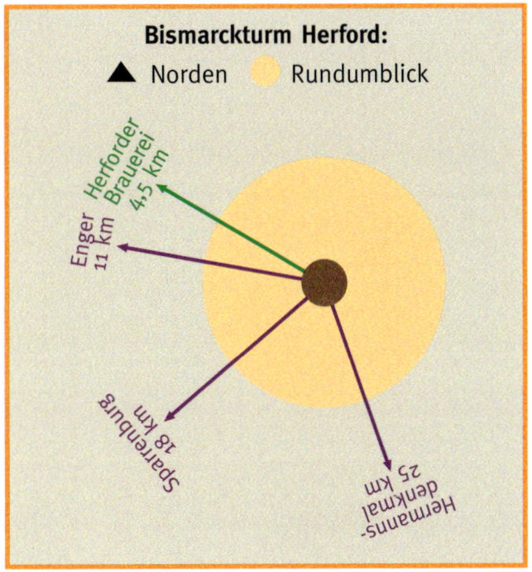

Richtung Enger (11 km, 280°). Im Süden sind das Hermannsdenkmal (25 km, 160°) und der Sender Bielstein (25 km, 170°) zu erkennen.

Wandermöglichkeiten

Das Waldgebiet des Stuckenberges und der hinter der Autobahn gelegene Stadtforst Salzuflen sind für Wanderer und Spaziergänger gut erschlossen. Viele lokale Rundwanderwege sind hier ausgewiesen.

Der Bismarckturm liegt an dem mit X9 gekennzeichneten Hansaweg. Der 72 Kilometer lange Wanderweg im nordlippischen Bergland verläuft von Herford über Bad Salzuflen, Lemgo, Burg Sternberg und Bösingfeld nach Hameln. Er verbindet die alten Hansestädte Herford, Lemgo und Hameln. Mehrere Aussichtspunkte liegen am Weg (Bismarckturm in Herford, Bismarckturm in Bad Salzuflen, Aussichtsturm Lemgo, Hohe Asch in Bösingfeld).

Der Bismarckturm Herford steht im Wald des Stuckenberges. Nach der Turmbesteigung kann man dort schön spazieren gehen.

Einkehrmöglichkeiten

Hotel und Restaurant „Waldesrand"
Waldrestaurant „Steinmeyer"

Weitere Infos

Der Turm hat einen quadratischen Grundriss und ist aus gelben Sandsteinquadern erbaut. Über eine Innentreppe gelangt man auf eine erste Aussichtsplattform in 18 Meter Höhe. Eine Metalltreppe führt auf eine zweite Aussichtsplattform in 22 Meter Höhe.

Der Turm ist von April bis Oktober jeden 1. und 3. Sonntag im Monat sowie an allen gesetzlichen Feiertagen von 10 bis 18 Uhr geöffnet. Der Eintrittspreis beträgt 0,50 Euro für Erwachsene und 0,30 Euro für Kinder und Jugendliche. Parkmöglichkeiten gibt es am Hotel „Waldesrand" und am Waldrestaurant „Steinmeyer". Von beiden Parkplätzen erreicht man den Turm zu Fuß in etwa 10 Minuten.

SENNE ALS TEIL DES OSTMÜNSTERLANDES

Die Westfälische Bucht

Zwischen den Mittelgebirgslandschaften des Teutoburger Waldes und des Sauerlandes erstreckt sich die Westfälische Bucht. Naturräumlich betrachtet ist sie ein Teil der Norddeutschen Tiefebene. Die Bezeichnung „Bucht“ weist darauf hin, dass dieses Gebiet von hohen Bergländern umrahmt wird. Die Kreideschichten im Untergrund der Westfälischen Bucht wurden vor etwa 65–100 Millionen Jahren als Meeressedimente abgelagert.

Ostwestfalen-Lippe hat Anteil an der Westfälischen Bucht. Ihr östlichster Teil ist die Senne.

Emssandebene (Ostmünsterland)

Der östliche Bereich der Westfälischen Bucht wird Ostmünsterland genannt. Es sind die Sandflächen am Oberlauf der Ems. Die Landschaft wird daher auch als Emssandebene bezeichnet. Sie liegt etwa 100 Meter NN hoch, ist weitgehend waldfrei und wird überwiegend landwirtschaftlich genutzt.

Wie die Heideflächen entstanden

Der Teil des Ostmünsterlandes, der direkt an den Teutoburger Wald grenzt und in historischer Zeit von großen Heidenflächen geprägt war, ist die Senne. Sie ist kein einheitlicher Naturraum, sondern eine Landschaft, die ihr einheitliches Gesicht erst durch die historische Heidebauernwirtschaft erhalten hat.

Vom Teutoburger Wald aus fällt die Senne als leicht geneigte Ebene nach Südwesten ab. Gegliedert wird sie durch zahlreiche Bäche, die am Fuß des Teutoburger Waldes entspringen und nach Südwesten in die Ems und die Lippe entwässern. Viele Bäche setzen sich oberhalb der Quellen als tief eingeschnittene, landschaftstypische Trockentäler fort.

Woher der Sennesand stammt

In geologischer und geomorphologischer Hinsicht wurde das Landschaftsbild der Senne in verschiedenen Kaltzeiten und in der jetzigen Warmzeit geprägt. Eis, Wasser und Wind waren die maßgeblichen Kräfte, welche die Landschaft vor dem Einfluss der Heidebauern geformt haben.

Beim Abschmelzen des Eises am Ende der Saale-Eiszeit bildete sich vor etwa 200.000 Jahren sehr viel Schmelzwasser, das von einem nördlich des Teutoburger Waldes gelegenen Gletscher durch Täler im Gebirge nach Südwesten in das Gebiet der heutigen Senne abfloss. Das Schmelzwasser führte große Mengen an Sand mit, der zum großen Teil vom Teutoburger Wald abgerieben und anschließend im Bereich der Senne abgelagert wurde. So entstanden die mächtigen Sandablagerungen, die an manchen Stellen heute noch über 60 Meter mächtig sind. Der Sand der Senne ist also zum großen Teil zerriebener Osning-Sandstein der Unterkreide. Im Laufe der Zeit wurde der Sand durch Niederschlagswasser ausgewaschen, so dass die Senne heute eine extrem nährstoffarme Sandlandschaft ist.

Immer nährstoffärmer

Dazu trug auch die Heidebauernwirtschaft bei. Seit langer Zeit wird die Senne als Weidegebiet genutzt. Dazu gehörte der regelmäßige Plaggenhieb. Damit ist das Abstechen des Heidekrautes mit den Wurzeln gemeint. Diese abgestochenen Plaggen wurden als Einstreu in die Ställe gebracht und später mit dem Dung der Tiere auf die Felder. Die nährstoffarmen Felder wurden so gedüngt, den Heideflächen wurden aber immer mehr Nährstoffe entzogen. Sie verarmten und boten nur wenigen, speziell angepassten Pflanzen und Tieren einen Lebensraum, zum Beispiel dem Heidekraut (Calluna vulgaris).

Kiefernforsten und Trinkwasser

Heute gibt es Heideflächen nur noch auf dem Truppenübungsplatz, der etwa ein Drittel des Landschaftsraumes einnimmt, und in einigen Naturschutzgebieten. Die Wälder der Senne sind fast ausschließlich Kiefernwälder, die bereits im 19. Jahrhundert auf den Heideflächen angelegt wurden. Seit über 100 Jahren hat die Senne eine bedeutende Funktion als Wassergewinnungsgebiet für die Region zwischen Bielefeld und Paderborn.

Blick vom Großen Ehberg bei Augustdorf über die Wald- und Offenlandflächen des Truppenübungsplatzes Senne. In der rechten Bildhälfte ragt der Haustenturm aus den Kiefernwäldern heraus.

Aussichten vom Teutoburger Wald

In der Senne liegen keine Aussichtspunkte, die in diesem Buch behandelt werden. Von vielen Stellen im Teutoburger Wald hat man aber einen guten Blick tief in die Sennelandschaft hinein.

In Oerlinghausen verläuft der Wanderweg A4 im Übergangsbereich zwischen Senne und Teutoburger Wald. Oberhalb einer Sandabgrabung eröffnet sich ein weiter Ausblick, da der Baumbestand wegen des Sandabbaus entfernt wurde und den weiten Blick nicht behindert. Über den Kiefernwäldern der Senne erhebt sich in 14 km Entfernung der Haustenturm mitten auf dem über 100 Quadratkilometer großen Truppenübungsplatz Senne.

Einen ähnlichen Blick hat man auf dem Senneweg (X10) nördlich des Truppenübungsplatzes Stapel bei Augustdorf.

STEINHEIMER BECKEN

Das Steinheimer Becken, auch Steinheimer Börde genannt, ist ein fast kreisrundes, weites, offenes Becken mit einem Durchmesser von etwa 15 Kilometern, in deren Mitte die Stadt Steinheim liegt. Es liegt flach eingesenkt zwischen dem Hügelland um Schwalenberg und Löwendorf im Osten und dem östlichen Egge-Vorland um Horn-Bad Meinberg und Sandebeck im Westen. Ringsum wird es also von höheren Bergländern begrenzt. Die Emmer und ihre Nebenflüsse durchfließen das Steinheimer Becken und gliedern es in viele flach gewölbte Hügel. Der größte Teil liegt unter 200 Meter, die höchste Erhebung ist der Stoppelberg mit 251 Meter.

Das Steinheimer Becken hat eine nahezu kreisrunde Form.

Hervorragende Ackerböden

Geologisch betrachtet ist das Steinheimer Becken ein Teil des großen Lippischen Berglandes. Die weichen Keupertone sind hier von einer fast geschlossenen, fruchtbaren Lössdecke überlagert. Das Gebiet wurde daher schon früh besiedelt, der ursprüngliche Eichen-Hainbuchenwald wurde fast vollständig gerodet, um Äcker anzulegen. Die tiefgründigen Braunerden sind hervorragende Ackerböden und ermöglichen Weizen- und Zuckerrübenanbau. Auch heute noch ist der größte Teil des Steinheimer Beckens Ackerland. Durch die vielen Fließgewässer, die oft von Gehölzen begleitet werden, erhält die Landschaft den Charakter einer abwechslungsreichen Parklandschaft. Dies unterscheidet die Steinheimer Mulde von den eher eintönigen Feldfluren anderer Bördelandschaften.

Steinheim und Nieheim

Im Tal der Emmer entstand mit dem Dorf Steinheim schon sehr früh ein zentraler Ort. Die Ursprünge gehen bis ins 8. Jahrhundert zurück. Am Südrand des Steinheimer Beckens im Übergang zu den Wäldern des Brakeler Berglandes liegt die Stadt Nieheim (Stadtrechte seit 1230). Beide Ortschaften wurden im 13. Jahrhundert von den Paderborner Bischöfen zum Schutz gegen den Erzbischof von Köln befestigt und zu Städten ausgebaut.

Die „Nieheimer Flechthecke“

Ein besonders charakteristisches Element dieser Parklandschaft war früher die „Nieheimer Flechthecke“, die heute aber nur noch an wenigen Stellen erhalten ist. Diese artenreichen Hecken dienten der Besitzabgrenzung und wurden vermutlich nach den Markenteilungen im 19. Jahrhundert angelegt.

Blick in das Steinheimer Becken

NIEHEIMER WARTE Stadt Nieheim, Kreis Höxter

Lage

Die Nieheimer Warte liegt etwa 1 km südöstlich von Nieheim auf dem Holsterberg auf 310 Meter NN.

Geschichte

Die Nieheimer Warte wurde im 13. Jahrhundert als Beobachtungs- und Wachtturm errichtet, der in Kriegszeiten zur Beobachtung gegnerischer Truppen diente. Da der Holsterberg, auf dem der Turm steht, im Mittelalter gerodet wurde und nicht bewaldet war, konnte man von hier aus rundum das Land weit überschauen.

Heute ist der Turm von hohen Laubbäumen umgeben. Ein Blick ist nur noch nach Norden und Nordwesten möglich.

Aussicht

Von der Nieheimer Warte blickt man nach Norden weit in das Steinheimer Becken. Im Zentrum des mittelalterlichen Stadtkerns von Nieheim erkennt man den rechteckigen Kirchturm der Katholischen St.-Nikolaus-Pfarrkirche (1,2 km, 330°). Sie stammt aus dem 13. Jahrhundert. Etwas weiter rechts ragt der kleinere Turm der evangelischen Kreuzkirche aus dem 19. Jahrhundert über die Dächer (1 km, 340°). 5 Kilometer hinter Nieheim liegen die hellen Hallen des Gewerbegebietes von Bergheim. Weitere 4,5 Kilometer hinter dem Gewerbegebiet ist das Dorf Ottenhausen vor dem Wald des Beller Holzes zu sehen.

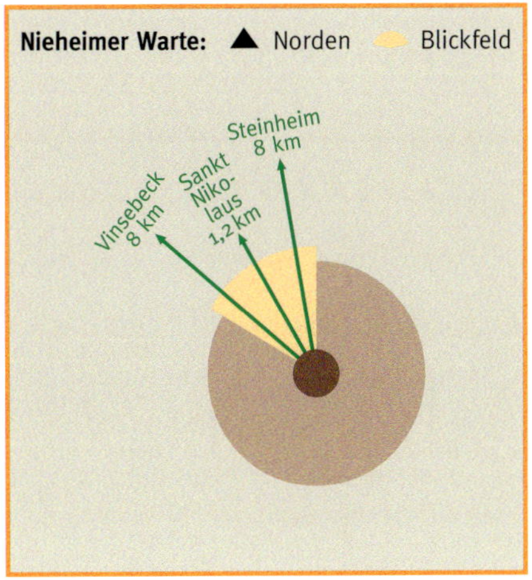

Im historischen Ortskern von Nieheim unterhalb der Warte findet alle zwei Jahre im September der Deutsche Käsemarkt statt.

Am Nieheimer Wartturm sind Speere befestigt. Das Kunstwerk „Attacke“ soll an die Wehrfunktion im Mittelalter erinnern.

Die Häuser von Steinheim sind am rechten Rand des von den Bäumen freigelassenen Ausschnitts zu erkennen (8 km, 350°). Fast am linken Rand des Blickfeldes liegt Vinsebeck (8 km, 310°).

Wandermöglichkeiten

Ein Startpunkt für Wanderungen von Nieheim aus ist der Parkplatz an der Adolph-Kolping-Straße nach dem Abzweig von der Friedrich-Wilhelm-Weber-Straße. Dort beginnen drei örtliche Rundwanderwege (A1, A2 und A3).

Einkehrmöglichkeit

Hotel und Restaurant Berghof

Weitere Infos

Parkmöglichkeiten gibt es in Nieheim an der Adolph-Kolping-Straße nach dem Abzweig von der Friedrich-Wilhelm-Weber-Straße. Vom Parkplatz folgt man der Adolph-Kolping-Straße bergauf. Sobald die Bebauung aufhört, hat man zur linken Seite einen freien Blick bis zum Köterberg. Kurz danach folgt man nach rechts einem Schotterweg, der in einem artenreichen Laubwald aus Ahorn, Esche, Buche und Kirsche leicht bergauf geht. Nach 300 Metern zweigt man am Wasserbehälter links ab und gelangt nach weiteren 400 Metern zum Aussichtsturm.

Der Turm ist jederzeit zugänglich.

Der Naturpark Teutoburger Wald/Eggegebirge hat gemeinsam mit der Stadt Nieheim auf dem Holsterberg einen Erlebnispfad mit 19 Stationen angelegt. Eine davon ist die Nieheimer Warte. Zum Erlebnispfad ist beim Naturpark ein kostenloses Faltblatt erhältlich.

Ein idyllischer Ausblick von der Warte, gesäumt von Laubbäumen, in das Steinheimer Becken mit der Stadt Nieheim.
Aber auch die Zeichen der Industriezeit sind sichtbar: im Hintergrund das Gewerbegebiet von Bergheim.

Gute Böden – hier die Warburger Börde – sind heute weitgehend waldlos.

Blick vom Teutoburger Wald in Richtung Senne: In den höheren Lagen und auf den schlechten Sandböden gibt es mehr Wald.

Exkurs

VEGETATION UND LANDSCHAFT

Von Natur aus Wald

Von Natur aus ist Mitteleuropa eine Waldlandschaft, ebenso auch Ostwestfalen-Lippe als ein typischer Ausschnitt Mitteleuropas mit Anteilen von Tiefland und Mittelgebirgen. Hier wäre eine große Bandbreite der natürlichen Lebensräume Mitteleuropas vertreten – wenn der Mensch nicht seit langer Zeit die Landschaft kultiviert, besiedelt und stark verändert hätte.

Die Rotbuche prägte einst das Bild

Äcker, Wiesen und Weiden, aber auch die früher vor allem für die Senne landschaftstypischen Heiden kämen ohne die jahrhundertelange landwirtschaftliche Nutzung hier nicht vor. Vor diesen menschlichen Einflüssen war Mitteleuropa großflächig von sommergrünen Laubwäldern bedeckt. Auf den meisten Standorten war die Rotbuche (Fagus sylvatica) die beherrschende Baumart.

Heute gibt es in Mitteleuropa keine Lebensräume mehr, die von menschlichen Nutzungen unberührt geblieben sind. Auch die natürlich erscheinenden Wälder sind meist schon seit vielen Jahrhunderten verändert. Dennoch kann man in einem Teil der Laubwälder noch am ehesten erkennen, wie unsere Landschaft im Naturzustand ohne menschliche Einflüsse ausgesehen haben kann.

Wo die Wälder gerodet wurden

Den wirkungsvollsten Einfluss auf die Landschaft hatte die Rodung des Waldes. Der Gegensatz von Wald und Offenland ist heute das auffälligste und für die Verbreitung von Pflanzen und Tieren wichtigste Landschaftsmerkmal. Ob der Wald in der Vergangenheit gerodet oder bis heute erhalten blieb, hing ganz wesentlich von der Eignung der Böden für die Landwirtschaft ab: Auf ärmeren Böden oder in höheren Lagen ist in Ostwestfalen-Lippe bis heute mehr Wald erhalten (z.B. in der Senne und in den Mittelgebirgen des Teutoburger Waldes, der Egge und des Wiehengebirges) als in den für die Landwirtschaft günstigen Gebieten (z.B. in der Warburger Börde, im Steinheimer Becken und im Ravensberger Hügelland).

Bewaldete Bergkuppen

Die Mehrzahl der in diesem Buch beschriebenen Aussichtspunkte liegt auf Bergkuppen im Wald. Oft ist es der auch von Natur aus vorkommende Buchenwald, gelegentlich sind es aufgeforstete Nadelholzbestände.

Exkurs

BUCHENWÄLDER

Die Rotbuche (Fagus sylvatica) ist auf den meisten Standorten in Ostwestfalen-Lippe allen anderen Baumarten überlegen. Nur auf ganz nassen Standorten (z.B. an Gewässern) kann sie nicht mehr wachsen und wird durch die Schwarz-Erle (Alnus glutinosa) ersetzt. In der Umgebung der in diesem Buch beschriebenen Aussichtspunkte, die alle an erhöhten Stellen stehen, würde daher von Natur aus ein Rotbuchenwald wachsen, sofern die Flächen nicht zu steil und damit zu flachgründig und zu trocken sind.

In alten Buchenwäldern bilden die großen, hoch ansetzenden Kronen ein gleichmäßig dichtes Dach. Da zudem die säulenartigen Stämme unten fast astfrei sind, spricht man von einem Hallenwald. Es ist das typische Waldbild, das man bei Spaziergängen zu den meisten Aussichtspunkten im Teutoburger Wald und im Wiehengebirge sieht. Für einige Bereiche des Teutoburger Waldes war früher eine sogenannte Niederwaldwirtschaft üblich, d.h. die Bäume wurden zur Brennholzgewinnung alle 15–25 Jahre abgeschlagen („auf den Stock gesetzt“). Kleinflächig kann man diese historische Waldnutzung auch heute noch an den mehrstämmigen Bäumen erkennen, z.B. am Hermannsweg in der Nähe des Aussichtspunktes Eiserner Anton. Die Rotbuche treibt allerdings nicht wieder so gut aus wie andere Baumarten, daher findet man in den Niederwaldresten häufig die Hainbuche (Carpinus betulus) oder Ahorn- (Acer

spec.) und Eichenarten (Quercus spec.). Die mitteleuropäischen Jahreszeiten lassen sich im Buchenwald nicht nur an der Bodenvegetation erkennen, sondern auch an dem charakteristischen Farbspiel im Waldesinneren: das Frühjahr mit den bunten Blütenteppichen der Frühblüher und dem frischen hellen Grün der austreibenden Buchenblätter, der im Vergleich zum Freiland dunkle Eindruck im Sommer, die Braunfärbung des Laubes im Herbst und der helle, lichte Eindruck im Winter und im zeitigen Frühjahr.

Oben: Die gold-gelbene Farbe des herbstlichen Buchenlaubs geht auf den Abbau des ursprünglich grünen Blattfarbstoffs Chlorophyll zurück.

Links: Das dichte Laubdach der Buchen lässt im Sommer nur wenig Sonnenlicht auf den Boden durch.

TEUTOBURGER WALD

Der Teutoburger Wald ist ein wichtiger Korridor im überregionalen Biotopverbund.

Der Teutoburger Wald ist ein schmaler Gebirgszug zwischen Rheine und Horn-Bad Meinberg mit einer Länge von etwa 120 km. Er bildet die nördliche und nordöstliche Begrenzung der Westfälischen Tieflandsbucht und besteht aus mehreren Abschnitten. In diesem Buch wird nur der östliche Teil des Teutoburger Waldes zwischen Borgholzhausen und Horn-Bad Meinberg behandelt, der sich wiederum in zwei Teile gliedern lässt, den Bielefelder Osning und den Lippischen Wald. Der Bielefelder Osning liegt zwischen zwei Pässen, dem Borgholzhausener Pass im Nordwesten und dem Pass von Oerlinghausen im Südosten. Der in südöstlicher Richtung folgende Abschnitt des Teutoburger Waldes zwischen Oerlinghausen und Horn-Bad Meinberg ist der Lippische Wald. Südlich des Teutoburger Waldes setzt sich der Gebirgszug ab Horn-Bad Meinberg mit der Egge fort.

Geologischer Ursprung

Die Anfänge des Teutoburger Waldes gehen zurück in das Erdmittelalter (Mesozoikum), dem Zeitalter der Ammoniten und Saurier. In diesem Zeitalter, das sich von etwa 200 Millionen bis etwa 60 Millionen Jahre vor der heutigen Zeit erstreckte, war unser Raum fast ununterbrochen von Wasser bedeckt. Auf dem Meeresgrund kam es zur Ablagerung von festen Stoffen aus dem Wasser. Diese wurden entweder durch Bäche und Flüsse vom Festland eingeschwemmt oder aus Kalkschalen von Meerestieren gebildet. Unter dem Druck vieler solcher Ablagerungen verfestigte sich das Material: Sand wurde zu Sandstein, Kalkablagerungen wurden zu Kalkstein.

Das Mesozoikum gliedert sich in die Zeitalter Trias, Jura und Kreide. In der Trias, dem für den Aufbau des Teutoburger Waldes entscheidenden Zeitabschnitt, folgten nacheinander die Gesteinsablagerungen des Unteren, Mittleren und Oberen Buntsandsteins, des Unteren, Mittleren und Oberen Muschelkalks sowie des Unteren, Mittleren und Oberen Keupers. Im Jura finden wir Gesteine des Lias', Doggers und Malms. Die Kreide kann in Unter- und Oberkreide unterteilt werden, die Oberkreide noch in Cenoman, Turon und Coniac (siehe auch Tabelle S. 20/21).

Gehoben und gekippt

Man darf aber nicht unbedingt davon ausgehen, dass die älteren Schichten auch heute noch unten liegen und die jüngeren oben. Die klare Schichtung der Sedimentgesteine wurde gestört, als an der Grenze der Oberen Kreide zum Tertiär, also vor etwa 65–70 Millionen Jahren, das Gebiet des heutigen Teutoburger Waldes emporgehoben wurde. Wo

Bei Borgholzhausen verspringt der ansonsten durchgehende Gebirgszug des Teutoburger Waldes auf Grund einer Verschiebung von Erdschichten um etwa 3 Kilometer, dem sogenannten Borgholzhausener Pass.

sich viele Ablagerungen gebildet hatten, drückten diese auf das zähflüssige Erdinnere. Dieser Druck erzeugte einen Gegendruck und die Gesteine wurden oft kilometerweit in die Höhe gehoben, senkrecht gestellt oder sogar umgekippt.

Im Laufe der Zeit entstanden mehrere Bruchlinien, die zum Aufbrechen der Sedimentschichten und zur Bildung kleiner Gesteins-Schollen führten. Die Haupt-Bruchlinie, die sogenannte Osning-Spalte, gehört zu einer bedeutenden Störungslinie, welche zwei große Schollen der Erdrinde in Mitteleuropa voneinander trennt. Die nordöstliche Scholle hat sich etwas über die südwestliche geschoben, deren Rand dabei umgebogen, steilgestellt, stellenweise sogar übergekippt ist.

Drei parallele Kämme

Heute stellt sich der Teutoburger Wald als ein fast bis 450 Meter NN hoher, von Nordwest nach Südost verlaufender Gebirgszug dar, der im Idealfall aus drei parallel zueinander liegenden Kämmen besteht. In seinem westlichen Teil ragt er weit in die norddeutsche Tiefebene hinein. Der zentrale Hauptkamm wird vom Osning-Sandstein der Unteren Kreide gebildet, der südwestlich davon liegende Kamm von Schichten der Oberen Kreide, der nordöstlich liegende Kamm von Keuper- und Muschelkalk-Gesteinen.

Größtenteils unbesiedelt

Der größte Teil des Teutoburger Waldes war wohl nie besiedelt. An strategisch wichtigen Punkten, vor allem an den Gebirgspässen, wurden in germanischer Zeit (z.B. Grotenburg und Hünenburg) und im Mittelalter (z.B. Ravensburg und Sparrenburg) Burgen gebaut. Heute ist der Teutoburger Wald überwiegend von Buchenwald bedeckt, stellenweise wird Kalkstein abgebaut.

Unter europäischem Naturschutz

Ein großer Teil des Teutoburger Walds ist heute Naturschutzgebiet. Grundlage der Ausweisung ist eine Richtlinie der Europäischen Union, die Flora-Fauna-Habitat-Richtlinie, die europaweit bedeutsame Lebensräume und Arten benennt, die unter Schutz gestellt werden müssen. Die Buchenwälder des Teutoburger Waldes fallen unter diese Richtlinie und sind daher heute meistens Naturschutzgebiet.

Osning oder Teutoburger Wald?

Der alte Name „Osning" bedeutet „heiliger Waldkamm" (Osning = Osnegge, wobei „Egge" die steil abfallenden Kämme bezeichnet). Erst seit etwa 200 Jahren wird der Name Teutoburger Wald gebraucht.

Die weitläufigen Buchenwälder des Teutoburger Waldes (hier ein Blick vom Hermannsdenkmal nach Nordwesten) sind ein wichtiger Lebensraum für Fledermäuse, Spechte und andere gefährdete Tiere und Pflanzen.

Die Lebkuchen-Stadt Borgholzhausen liegt zu Füßen des Luisenturms.

Ravensberger Hügelland, Teutoburger Wald und Westfälische Bucht

LUISENTURM

Stadt Borgholzhausen, Kreis Gütersloh

Lage

Der Luisenturm liegt auf der Johannisegge etwa 1,5 km westlich von Borgholzhausen auf 291 Meter NN. Der aus Holz konstruierte Aussichtsturm ist etwa 21 Meter hoch.

Geschichte

Auf der Johannisegge steht schon seit mehr als 100 Jahren ein Aussichtsturm. Der erste Turm wurde im Jahr 1893 erbaut. Bereits im Jahr 1924 musste die Holzkonstruktion erneuert werden. 1945 wurde der Turm völlig zerstört und erst im Jahr 1953 wieder aufgebaut. Der heutige Turm ist bereits der vierte, er stammt aus dem Jahr 1991.

Aussicht

Vom Luisenturm hat man eine gute Rundumsicht. Hier bekommt man einen Überblick über die Landschaften des Ravensberger Hügellandes im Norden und Nordosten, des Teutoburger Waldes im Südosten und der Westfälischen Bucht im Süden und Südwesten. Der Gebirgszug des Teutoburger Waldes verläuft nach Südosten in Richtung Bielefeld und nach Nordwesten in Richtung Tecklenburg. Praktisch genau entgegengesetzt liegen die beiden Fernsehsender an der Hünenburg bei Bielefeld (19 km, 130°) und am Schinkelberg bei Osnabrück (23 km, 330°). Deutlich zu erkennen ist im Wiehengebirge der Einschnitt der Porta Westfalica (45 km, 70°) mit dem Fernmeldeturm auf dem Jakobsberg, bei guten Sichtverhältnissen auch das Hermannsdenkmal bei Detmold (43 km, 120°).

Zwischen dem Wiehengebirge und dem Teutoburger Wald bei Borgholzhausen erstreckt sich die Parklandschaft des Ravensberger Hügellandes. Landwirtschaftliche Flächen, kleine Wäldchen

Einen der schönsten Blicke in die Parklandschaft der Westfälischen Bucht hat man vom Luisenturm bei Borgholzhausen.

und Siedlungen bilden ein abwechslungsreiches Mosaik. Der Blick nach Süden in die Westfälische Bucht ist ähnlich wie der von der Ravensburg und von der Hünenburg. Auf dem im Südosten gelegenen Barenberg liegt mit der Ravensburg ein weiterer Aussichtspunkt nicht allzu weit entfernt (3 km, 160°).
Mitten im Borgholzhauser Pass liegt die Lebkuchen-Stadt Borgholzhausen. Vom Luisenturm aus sieht man direkt in den Pass und bekommt eine Vorstellung von seiner Entstehung. Ähnlich wie der Bielefelder Pass oder die Dörenschlucht entstand auch dieser Gebirgspass durch eine Verschiebung von Erdschichten. Am Borgholzhauser Pass ist diese Verschiebung mit etwa 3 km Länge besonders auffällig. Ursprünglich lagen Johannisegge und Barenberg zusammen, wurden aber durch eine mächtige Querverschiebung auseinandergerissen.

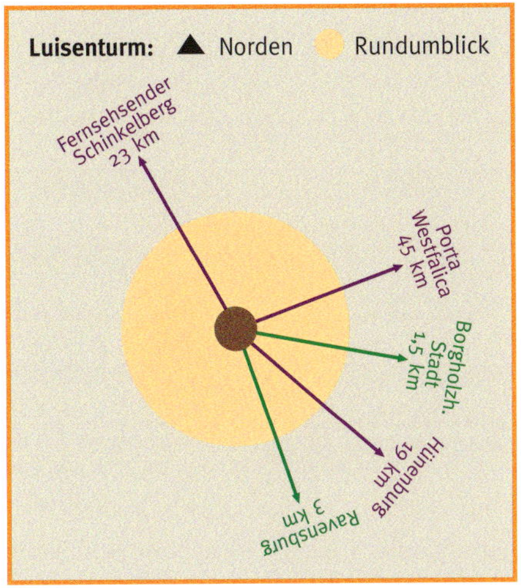

Vom Luisenturm sind mehrere Städte bzw. Siedlungen zu erkennen:

- Neuenkirchen (8 km, 70°)
- Theenhausen (6 km, 90°)
- Werther (10 km, 110°)
- Borgholzhausen Stadt (1,5 km, 120°)
- Borgholzhausen Bahnhof (3 km, 200°)

Wandermöglichkeiten

Der Luisenturm liegt direkt am Hermannsweg, siehe den Kasten auf der nächsten Seite.

Einkehrmöglichkeiten

Luisenturm-Hütte
Ladencafé Schulze in Borgholzhausen

Der Luisenturm auf der Johannisegge ist eine Holzkonstruktion.

Weitere Infos

Der Turm ist ganzjährig geöffnet. Parkmöglichkeiten gibt es auf einem Wanderparkplatz auf der Johannisegge. Er ist von Borgholzhausen aus über die Wellingholzhauser Straße und die Peter-Eggermont-Straße zu erreichen. Vom Parkplatz aus gelangt man nach ca. 200 Metern zum Aussichtsturm.

Der Zugang vom Wanderparkplatz auf der Johannisegge zum Luisenturm führt durch ein kurzes Stück Kalk-Buchenwald. Hier sind im April viele Frühblüher zu entdecken. Besonders auffällig sind die großen Herden des Bingelkrauts (Mercurialis perennis).

Ein weiterer Wanderparkplatz liegt am Barkhauser Weg. Von hier kommt man auf dem Rundwanderweg A2 am Aussichtsturm vorbei.

Der Hermannsweg

Der Hermannsweg führt auf ca. 160 Kilometer Länge von Rheine bis Horn-Bad Meinberg. Der westliche Teil des Hermannsweges verläuft von Rheine über Lengerich, Bad Iburg, Borgholzhausen und Halle nach Bielefeld (insgesamt etwa 110 Kilometer). Auf weiteren etwa 50 Kilometern führt der östliche Teil von Bielefeld über Oerlinghausen und Detmold nach Horn-Bad Meinberg. Der Hermannsweg ist durchgängig mit einem H markiert. Neben dem Luisenturm liegen auch die Aussichtspunkte Ravensburg, Hünenburg, Sparrenburg, Eiserner Anton und Hermannsdenkmal an diesem Hauptwanderweg. Hermannsweg und Eggeweg gemeinsam werden neuerdings unter dem Begriff Hermannshöhen vermarktet. Die Hermannshöhen sind einer der zehn „Top Trails of Germany".

Ein Belvedere auf dem Osning

RAVENSBURG Stadt Borgholzhausen, Kreis Gütersloh

Die Stammburg der Ravensberger Grafen ist ein beliebtes Ausflugsziel. Vom original erhaltenen mittelalterlichen Turm hat man Rundumsicht.

Lage

Die Ravensburg liegt in rund 200 Meter Höhe und 4 km nordwestlich von Halle auf einem Vorberg des Barenberges etwa 2 km südlich von Borgholzhausen. Der Barenberg gehört zu den südlichen Vorbergen des Teutoburger Waldes und ist aus Kalkgesteinen der Oberkreide aufgebaut.

Geschichte

Die Ravensburg ist eine der bedeutendsten Denkmäler im Ravensberger Land und hat eine abwechslungsreiche Geschichte. Die früheren Herren der Burg, die Grafen von Ravensberg, wurden urkundlich im Jahr 1141 das erste Mal erwähnt. Auf einem südlichen Vorberg des Osning-Kammes errichteten sie eine Burg, die den Pass im Teutoburger Wald bei Holthusen (heute Borgholzhausen) sichern sollte. Sie war die Stammburg der Ravensberger Grafen und gab dem Ravensberger Land den Namen. 1346 starb der letzte Graf von Ravensberg, und die Grafschaft fiel an das Haus Jülich und Berg und im Jahr 1648 an den Großen Kurfürsten von Brandenburg-Preußen. Im Jahr 1673 wurde die Burg durch Beschuss bei einem Angriff des Bischofs von Münster weitgehend zerstört. Danach verfiel sie immer mehr. In der ersten Hälfte des 19. Jahrhunderts wurde sie teilweise restauriert. Nach dem Bau einer Aussichtsplattform auf dem Turm wurde sie zu einem beliebten Ausflugsziel. Seit September 2004 ist die Stiftung Burg Ravensberg Eigentümerin der Burg, die sich seitdem um die weitere Instandsetzung kümmert.

Aussicht

Vom Turm der Ravensburg hat man eine herrliche Rundumsicht. Nach Süden öffnet sich ein weiter Blick in die West-

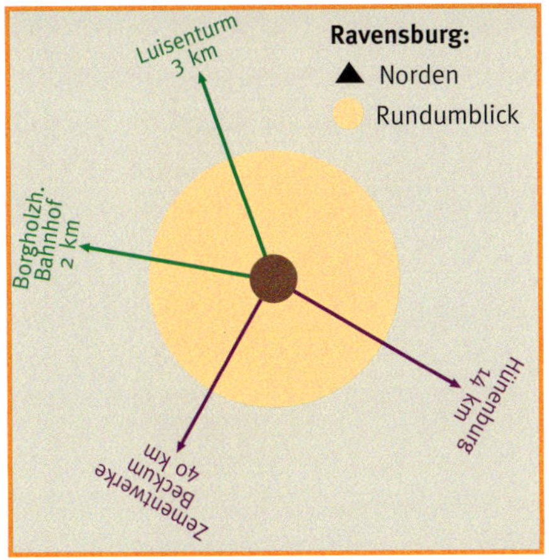

fälische Bucht. Am Horizont erkennt man die Beckumer Zementwerke (40 km, 210°).

Nach Nordwesten und Südosten blickt man weit über den Gebirgszug des Teutoburger Waldes. In südöstlicher Richtung liegt der Fernmeldeturm auf der Hünenburg (14 km, 120°).

In nördlicher Richtung liegt die Stadt Borgholzhausen. Dahinter erhebt sich die Johannisegge, auf der man die Spitze des Luisenturms über den Baumspitzen erkennt (3 km, 340°). Im Westen liegen die Wohn- und Gewerbeflächen von Borgholzhausen-Bahnhof (2 km, 280°).

Wandermöglichkeiten

Die Ravensburg liegt direkt am Hermannsweg, siehe Kasten Seite 88. – Vom Wanderparkplatz an der „Clever Schlucht" sind Rundwanderungen möglich, z.B. auf dem mit A1 gekennzeichneten Weg.

Übergang der Parklandschaft der Westfälischen Bucht in das Ravensberger Hügelland am Pass von Borgholzhausen.

Unterhalb der Ravensburg: Äcker, Wiesen und Waldinseln in der Westfälischen Bucht.

Einkehrmöglichkeiten

Ein Kiosk an der Burg ist zur Zeit nur an Sonn- und Feiertagen geöffnet.
Weitere Einkehrmöglichkeiten gibt es in Borgholzhausen (z.B. im Ladencafé Schulze, wo man auch Lebkuchen einkaufen kann).

Weitere Infos

Zu erreichen ist die Ravensburg von einem Wanderparkplatz an der Straße „Clever Schlucht“. Der Parkplatz ist an der Bundesstraße 68 zwischen Halle und Borgholzhausen-Bahnhof ausgeschildert. Vom Wanderparkplatz geht es in ca. 15 Minuten zuerst etwa 500 Meter auf der Asphaltstraße und dann nach links weitere 500 Meter im Wald bergauf. Eine weitere Parkmöglichkeit ist am Barenbergweg an der Zufahrt zur Deponie, erreichbar von der Straße „Unter der Burg“.

Eine Turmbesteigung mit Führung ist zur Zeit nur am Sonntag Nachmittag möglich (Erwachsene 2 Euro, Kinder 1 Euro).
Der Waldboden in der Umgebung der Ravensburg ist im Frühjahr großflächig mit Wald-Bingelkraut (Mercurialis perennis) bedeckt.

Weitere Informationen im Internet: www.stiftung-burg-ravensberg.de

Exkurs

WALD-BINGELKRAUT (Mercurialis perennis)

Das Wald-Bingelkraut findet man immer in großen, dichten Teppichen am Waldboden. Die elliptischen Blätter stehen an der Spitze des Sprosses gedrängt, sie bilden von oben gesehen ein dichtes Blätterdach. Die unscheinbaren grünen Blüten erscheinen im April und Mai. Die Pflanze ist zweihäusig, d.h. es gibt Exemplare, die nur weibliche Blüten tragen, und solche, die nur männliche haben.

Unterirdisch verzweigt

Schaut man sich einen Bingelkraut-Bestand genauer an, stellt man fest, dass großflächig nur eine Blütenform vorkommt. Man kann also vermuten, dass es sich bei einem flächigen Bestand um eine einzige Pflanze handelt, die sich unterirdisch sehr stark verzweigt und überall Sprosse nach oben treibt. Würde man einen Bestand ausgraben, fände man diese Vermutung bestätigt: Das Wald-Bingelkraut hat ein extrem weit verzweigtes Netz von unterirdischen Ausläufern, so dass männliche und weibliche Pflanzen oft weit voneinander entfernt wachsen.

Das Wald-Bingelkraut findet sich verbreitet auf Kalkuntergrund. Seine hellgrünen Blüten sind sehr unscheinbar.

Verbreitet auf Kalk

Das Wald-Bingelkraut ist in Mitteleuropa in den Kalkgebieten weit verbreitet und nicht selten. Über Mitteleuropa hinaus kommt die Art in vielen Gebieten Europas und in Nordafrika vor. Beim Einlegen in ein Herbarium färbt sich die gesamte Pflanze beim Trocknen dunkelblau-schwarz.

Fernsehen

HÜNENBURG Stadt Bielefeld

Nach Südosten geht der Blick von der Hünenburg auf Brackwede, einen Stadtteil von Bielefeld. Rechts in der Bildmitte das große Industrieunternehmen ThyssenKrupp.

Lage

Auf einer 313 Meter hohen Kuppe im Osningsandsteinzug des Teutoburger Waldes stehen etwa 4 km in westlicher Richtung von der Bielefelder Innenstadt entfernt zwei Fernsehtürme. Der kleine hat als Fernsehturm ausgedient und wird heute als Aussichtsturm genutzt. Die Aussichtsplattform ist 30 Meter hoch, der daneben stehende Fernmeldeturm 173 Meter.

Die Buchenwälder des Teutoburger Waldes bei der Hünenburg stehen als FFH-Gebiet unter europäischem Naturschutz.

Geschichte

Mehr als 2000 Jahre zurück liegt der Ursprung einer germanischen Fluchtburg auf dieser Bergspitze des Teutoburger Waldes nordwestlich von Bielefeld-Quelle. Sie soll etwa 300 v. Chr. angelegt worden sein. Heute sind davon nur noch Reste des ehemaligen Ringwalls im Gelände zu erkennen. Im sogenannten Dreikaiserjahr 1888 wurde innerhalb des Ringwalls der Grundstein für einen Aussichtsturm gelegt, der mit dem Namen Drei-Kaiser-Turm 1894 eingeweiht wurde. In den folgenden Jahrzehnten war er ein beliebter Aussichtspunkt für die Bielefelder Bevölkerung. 1952 erwarb die Deutsche Bundespost das Gelände, um einen Fernmeldeturm an dieser Stelle zu bauen. Der alte, im 2. Weltkrieg beschädigte Aussichtsturm wurde abgerissen. Der 1952 erbaute Fernmeldeturm war bald zu klein, und so begann die Post im Jahr 1972 mit dem Bau eines höheren Fernmeldeturmes, der 1975 fertiggestellt war. Der alte Turm wurde zurückgebaut und dient heute als Aussichtsturm und als Queller Heimatmuseum.

Aussicht

Vom Turm aus bietet sich dem Betrachter eine freie Rundumsicht, die allerdings durch den benachbarten hohen Fernmeldeturm in südöstlicher Richtung etwas verdeckt wird. Die nahe gelegene Sparrenburg auf der Ostseite des Bielefelder Passes ist daher nicht zu sehen. Man erhält einen guten Einblick in die verschiedenen Landschaftsräume der

In östlicher Richtung schaut man von der Hünenburg auf die Bebauung im Bielefelder Pass. Das große weiße Gebäude gehört zur Firma Dr. Oetker.

Umgebung: die Mittelgebirgslandschaft des Teutoburger Waldes, die sich als Bergkette in nordwestlicher und südöstlicher Richtung fortsetzt, die Westfälische Bucht mit dem Charakter einer Parklandschaft im Süden und Südwesten und das flachwellige Ravensberger Hügelland im Norden.
Weit geht der Blick über das Tiefland der Westfälischen Bucht bis zu den Zementwerken bei Beckum (40 km, 210°). Die Ebene ist von 20 bis 40 Meter mächtigen Sanden erfüllt, die ein wichtiges Wasserreservoir für die Städte Bielefeld, Gütersloh und Paderborn bilden. Scharf abgegrenzt erhebt sich die Bergkette des Teutoburger Waldes am Rand der Sandebene. Der südwestliche Rand besteht aus Kalken der Oberen Kreide, der zentrale Gebirgszug aus Osningsandstein der Unteren Kreide und der nordöstliche Rand aus Kalken des Muschelkalks.

Vom Aussichtsturm schaut man auf viele Ortschaften hinab: Über den Bielefelder Ortsteil Quelle (2 km, 140°) geht der Blick in die Ortsteile Brackwede, Senne und Sennestadt. Auf der anderen Seite des Teutoburger Waldes liegt die Kernstadt von Bielefeld, in der das Fernmeldehochhaus am Kesselbrink zu erkennen ist (4,5 km, 80°). Weitere sichtbare Ortschaften sind Steinhagen (5 km, 250°) und Kirchdornberg (4 km, 320°).

Wandermöglichkeiten

Die Hünenburg liegt direkt am Hermannsweg, siehe Kasten Seite 88. – Ein Rundwanderweg (Länge ca. 8 km, Dauer ca. 2 Stunden) beginnt am Parkplatz des Tierparks Olderdissen. Von hier geht es auf den Hermannsweg, der mitten durch den Tierpark (Eintritt ganzjährig kostenlos) verläuft. Hinter dem letzten Gehege auf der rechten Seite biegt man rechts ab, es geht steil bergauf. Nach ca. 2,5 km durch Buchenwald gelangt man zur Hünenburg. Nach weiteren 1,0 km zweigt der Wanderweg 10 scharf rechts ab. Dieser Weg verläuft am Nordhang entlang durch Buchenwälder. Nach ca. 4 km gelangt man auf dem 10 zurück zum Tierpark Olderdissen.

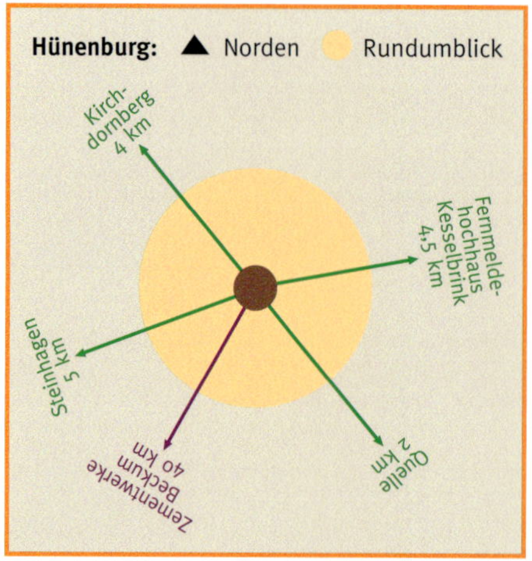

Im Frühjahr fallen die zahlreichen Frühblüher auf. Häufig steht Bär-Lauch (Allium ursinum) am Wegesrand. Im April kommen die Blätter in großen Herden aus dem Boden, im Mai blühen die Pflanzen und verströmen einen intensiven Geruch.

Einkehrmöglichkeiten

Hotel und Gaststätte „Peter auf'm Berge"
Gaststätte „Meierhof" im Tierpark Olderdissen

Weitere Infos

Der Aussichtsturm mit dem Queller Heimatmuseum ist samstags ab 14 Uhr, sonntags ab 11 Uhr und an allen Feiertagen bei gutem Wetter geöffnet. Für Erwachsene gilt ein Eintrittspreis von 0,50 Euro.

Eine Anfahrt mit dem PKW ist nicht möglich. Die nächstgelegenen Parkplätze sind am Tierpark Olderdissen und bei der Gaststätte Peter auf'm Berge.

Die Queller Gemeinschaft veranstaltet traditionell an Christi Himmelfahrt das Hünenburgfest.

Über die waldreiche Sennelandschaft hinweg blickt man von der Hünenburg auf die Bergkette der Egge in mehr als 40 km Entfernung.

Exkurs

BÄR-LAUCH

(Allium ursinum)

In einer kugeligen Scheindolde stehen beim Bär-Lauch die weißen Blüten.

Rechts: Beim Betrachten des Bildes hat man schon fast den knoblauchartigen Geruch des Bär-Lauchs in der Nase.

Einen Laubwald mit Bär-Lauch erkennt man im Frühjahr auch mit geschlossenen Augen. Der intensive knoblauchähnliche Geruch, den vor allem die Blätter verströmen, ist unverwechselbar. Die Blütezeit erstreckt sich über die Monate April bis Juni. Meistens sind die Bestände voll aufgeblüht, wenn die Buchen ihr Laub austreiben. Im Vergleich zu vielen anderen Frühblühern stellt der Bär-Lauch sehr hohe Ansprüche an die Nährstoffversorgung und an die Feuchteverhältnisse seiner Wuchsorte. Er kommt in feuchten, schattigen, humusreichen und tiefgründigen Laubwäldern vor. Typische Standorte sind Schluchtwälder, Auenwälder und Waldbäche.

Warum die Pflanze nach dem Bären benannt wurde (lateinisch „ursus" = Bär) ist unbekannt. Man könnte vermuten, dass es sich um diejenige Allium-Art handelt, die in demselben Lebensraum vorkommt, den auch Bären bewohnen, dem Wald.

Blick auf das Häusermeer Bielefelds

SPARRENBURG Stadt Bielefeld

Schief gebaut? Nein! Die schiefen Wände von Bergfried und Pallas sind Folge der Weitwinkeleinstellung bei der Bildaufnahme.

Lage

Die Sparrenburg ist das größte und eines der ältesten historischen Bauwerke der Stadt Bielefeld. Sie liegt am verkehrsreichen Bielefelder Pass auf dem 180 Meter hohen Sparrenberg, einem Teil des nördlichen Muschelkalkkammes des Teutoburger Waldes. Die markante Burganlage ist das bekannteste Wahrzeichen der Stadt und von vielen Stellen gut zu sehen. Sie liegt etwa 60 Meter höher als die Bielefelder Altstadt. Von dort ist sie in wenigen Fußminuten zu erreichen.

Geschichte

Die Sparrenburg wurde vermutlich in der Zeit von 1240 bis 1250 auf einem Bergsporn errichtet (erste urkundliche Erwähnung 1256). Ihr Erbauer, Graf Ludwig von Ravensberg, machte sie zum Herrschaftszentrum seiner Grafschaft und zu seinem Wohnsitz. Zugleich diente sie dazu, den Pass im Teutoburger Wald militärisch zu sichern und die 1214 gegründete Stadt Bielefeld zu schützen und zu bewachen.

Die mittelalterliche Burg war ursprünglich ein einfacher Rechteckbau von 45 Meter Breite und 80 Meter Länge. Ihr Umriss ist wegen der späteren Um- und Anbauten heute kaum noch zu erkennen.

Im Jahre 1346 starb die Familie der Grafen von Ravensberg in männlicher Linie aus. Sie wurde von den Herzögen von Jülich-Berg beerbt, diese wiederum im Jahr 1511 von den Herzögen von Kleve. Ab 1535 wurde die Sparrenburg zu einer mächtigen Festung ausgebaut. Die Herzöge von Kleve starben 1609 in männlicher Linie aus. Der folgende jülisch-klevische Erbfolgestreit wurde erst 1647 beendet. Sieger war Friedrich Wilhelm von Brandenburg, der Große

Übersicht über Bielefelds Innenstadt: links im Bild der Ostwestfalendamm, in der Mitte unten die ehemalige 66er-Kaserne und das Naturkundemuseum. Zwischen den

Kurfürst. Er ließ die Anlage, die durch den Dreißigjährigen Krieg stark gelitten hatte, wieder herrichten. Nach seinem Tode legten die Nachkommen keinen großen Wert auf die Erhaltung der Burg, die im Lauf der Jahre zu verfallen begann. Von 1743 bis 1877 wurde sie als Gefängnis genutzt.

Im 19. Jahrhundert begann der Wiederaufbau der Sparrenburg. 1842/43 wurde der heutige Aussichtsturm auf die Reste des alten Bergfrieds aufgesetzt. 1879 erwarb die Stadt Bielefeld die Burganlage vom preußischen Staat. Das Denkmal des Großen Kurfürsten im Innenhof der Burg wurde 1900 im Beisein Kaiser Wilhelms II. aufgestellt. Als Ergebnis umfangreicher Restaurierungsarbeiten nach dem 2. Weltkrieg präsentiert sich die Sparrenburg heute in einer imponierenden historischen Gestalt. Seit 2006 werden erneut umfangreiche Sanierungsarbeiten durchgeführt, die zahlreiche Bielefelder mit einer Spende

unterstützten. Die Namen der Spender sind auf vielen „Steinen für die Burg" zu lesen, die auf der Burganlage verlegt wurden.

Aussicht

Von mehreren Stellen der Burganlage kann man den Blick auf das Stadtzentrum von Bielefeld genießen. Eine schöne Rundumsicht ist von dem 37 Meter hohen Turm möglich. Fast zum Greifen nahe liegt die Innenstadt von Bielefeld in nördlicher und westlicher Richtung vor dem Auge des Betrachters.

Der mittelalterliche Kern mit den drei gotischen Kirchen (von links nach rechts St. Jodokus, Altstädter Nicolaikirche, Neustädter Marienkirche) liegt direkt unterhalb der Burganlage. Aus der großen Häuseransammlung des Oberzentrums Bielefeld heben sich einige markante Gebäude heraus:

- Schüco-Arena (2 km, 340°)
- Kunsthalle (200 m, 10°)

Türmen der Nicolaikirche und der Marienkirche ist das Telekom-Hochhaus zu sehen, am rechten Bildrand das zehnstöckige Klinikum Mitte.

Der Bielefelder Pass: Durch diesen Einschnitt im Kamm des Teutoburger Waldes verlaufen der Ostwestfalendamm und die Eisenbahn. Gut zu sehen: die Galgenheide rechts des Passes. Auf dieser Freifläche wurden im Mittelalter Übeltäter am Galgen aufgeknüpft.

- Bahnhofsumfeld (1,5 km, 10°)
- Fernmeldehochhaus am Kesselbrink (1,5 km, 40°)
- Ravensberger Spinnerei (1,5 km, 60°)
- Müllverbrennungsanlage (MVA) Heepen (6 km, 65°)

Über den Kamm des Teutoburger Waldes hinweg sind in der Ferne das Hermannsdenkmal (24 km, 120°) und der Sender Bielstein zu sehen. Auf dem Johannisberg auf der anderen Seite des Bielefelder Passes erhebt sich das Caroline-Oetker-Stift, ein Altenheim.

Zwischen den beiden Bergen liegt unterhalb der Burg der Bielefelder Pass. Mit der Bundesstraße 61 und der Eisenbahnlinie von Dortmund nach Hannover verlaufen hier wichtige Verkehrslinien. Mitten in dem etwa 3 km langen Einschnitt erstrecken sich die Fabrikgebäude der Firma Dr. Oetker. Der tief ausgeräumte Pass verbindet das Tiefland der Westfälischen Bucht mit dem Ravensberger Hügelland.

Die Sparrenburg ist auch von der Südseite des Osningpasses von weitem sichtbar – manchmal mit Regenbogen.

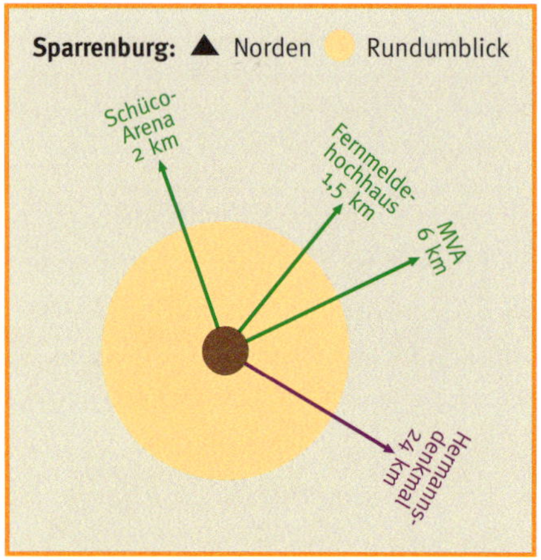

Nächtlicher Ausblick von der Sparrenburg auf die beleuchtete Innenstadt.

Wandermöglichkeiten

Die Sparrenburg liegt direkt am Hermannsweg, siehe Kasten Seite 88. – Von der Sparrenburg aus verläuft der Hermannsweg in Richtung Osten als Promenade mit schöner Aussicht auf die Innenstadt von Bielefeld. Spaziergängern und Wanderern bieten sich hier mehrere Einkehrmöglichkeiten.

Einkehrmöglichkeiten

Restaurant und Café „Sparrenburg"
Restaurant und Café „Schöne Aussicht" (ca. 500 Meter auf dem Hermannsweg)
Hotel und Restaurant „Brand's Busch" (ca. 2 km auf dem Hermannsweg)
Restaurant „Habichtshöhe" (ca. 3 km auf dem Hermannsweg)

Weitere Infos

Parkmöglichkeiten befinden sich direkt unterhalb der Burg; man erreicht sie über die Straße „Am Sparrenberg" vom Adenauerplatz aus. Die Straßenbahnlinie 1 der Bielefelder Verkehrsbetriebe „moBiel" hält ebenfalls am Adenauerplatz. Von dort ist die Sparrenburg zu Fuß in fünf bis zehn Minuten zu erreichen. Auf dem Weg erhält man einen guten Eindruck von den über 20 Meter hohen Mauern der Festung.

Der Turm ist von April bis Oktober täglich von 10–18 Uhr geöffnet; der Eintritt kostet 1,50 Euro. Die übrige Burganlage ist ganzjährig kostenlos zugänglich.

Am letzten Wochenende im Juli findet alljährlich das Sparrenburgfest statt, ein mittelalterlicher Markt vor der historischen Burgkulisse.

Der ausgefallene Name „Eiserner Anton" soll auf den Namen eines Gastwirtes in der Nähe des metallenen Aussichtsturmes zurückgehen.

Blauer Aussichtsturm am Hermannsweg

EISERNER ANTON Stadt Bielefeld

Lage

Der Eiserne Anton ist ein Aussichtsturm direkt am Hermannsweg zwischen der Osningstraße und dem Übergang über die Autobahn 2 an der Lämershagener Straße. Auf etwa 310 Meter NN wurde er auf dem Sandsteinrücken des Teutoburger Waldes errichtet.

Geschichte

Im Jahr 1895 wurde ein Bismarckturm als Metallturm mit quadratischem Grundriss auf dem 309 Meter hohen Ebberg gebaut. Er zählt zu den wenigen Bismarcktürmen in Metallausführung. Auch die sonst üblichen Feuerschalen wurden hier nicht angebracht. Über eine Eisentreppe mit 42 Stufen gelangt man auf eine Aussichtsplattform. Am Turm sind die Jahreszahl 1895 und das Wappen der Grafschaft Ravensberg angebracht.

Im Jahr 2003 wurde der denkmalgeschützte Turm auf Initiative der Kreishandwerkerschaft Bielefeld originalgetreu restauriert. Der Turm erhielt einen neuen blauen Anstrich, der Sockel wurde mit Sandsteinen verkleidet.

Aussicht

Vom Eisernen Anton gibt es gute Aussichten in südwestlicher und in nordöstlicher Richtung. Nach Nordosten blickt man über das offene Tal an der Selhausenstraße und einen dahinter liegenden Bergkamm in die östlichen Ortsteile von Bielefeld, Stieghorst und Heepen. Gut zu sehen sind die Schornsteine der Müllverbrennungsanlage (MVA) in Heepen (7 km, 15°).

Weit in die Westfälische Bucht geht der Blick entlang der Autobahn 2 nach Südwesten. Im Vordergrund erhebt sich der 265 Meter hohe Bokelberg (750 m, 220°). Dahinter öffnet sich die Sandlandschaft der Senne, die durch die vielen kleinen Kiefernwäldchen von oben fast wie eine geschlossene Waldlandschaft erscheint, nur gelegentlich unterbrochen durch Siedlungen und Industriebauten. Dazwischen verläuft bandför-

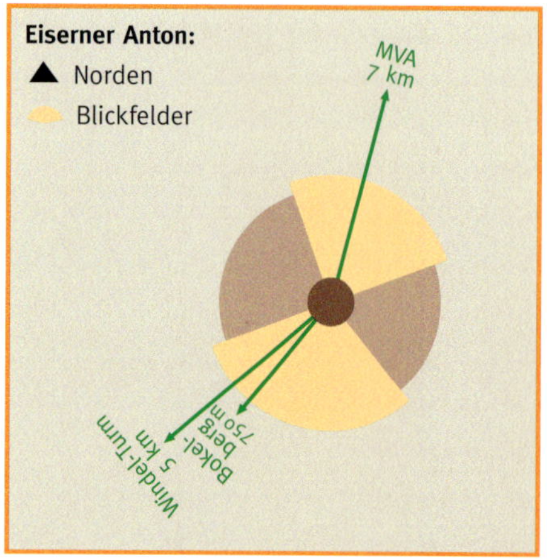

Der Blick vom Eisernen Anton nach Nordosten ins Ravensberger Hügelland: Die Rauchfahnen der Müllverbrennungsanlage in Heepen (links) und der Papierfabrik „Feldmühle“ helfen bei der Orientierung.

Nach Süden geht der Blick hinunter in die flache Ebene der Senne. Zu erkennen sind der Turm der Thomas-Morus-Kirche in Sennestadt (ganz links) und die Hochspannungsmasten entlang der Autobahn 2.

Etwa 50 Meter tiefer als die Aussichtsplattform liegt die mächtige Kuppe des Bokelberges (265 m NN) südlich vom Eisernen Anton.

mig die Autobahn 2, davor eine Hochspannungsleitung. Aus den Kiefernwäldern ragen die Bauten der Industriebetriebe Windel in Bielefeld-Senne (5 km, 230°) sowie Miele und Bertelsmann in Gütersloh heraus.

Wandermöglichkeiten

Der Eiserne Anton liegt direkt am Hermannsweg, siehe Kasten Seite 88. – Ein geeigneter Ausgangspunkt für eine Rundwanderung (Länge ca. 9 km, Dauer ca. 2,5 h) ist der Parkplatz „Eisgrund" an der Lämershagener Straße zwischen Bielefeld-Lämershagen und Bielefeld-Sennestadt. Von Sennestadt bergauf fahrend liegt der Parkplatz ca. 1 km hinter der Autobahn-Unterführung auf der linken Seite. Ein weiterer guter Startpunkt ist der Parkplatz an der Gaststätte „Zum Eisernen Anton". Er liegt an der höchsten Stelle der Osningstraße, die von Bielefeld-Sieker über den Kamm des Teutoburger Waldes nach Bielefeld-Senne führt.

Vom Parkplatz „Eisgrund“ aus folgt man dem Wanderweg , der südlich um das Naturschutzgebiet „Hellegrundsberg“ führt. Der Weg verläuft zuerst über eine Freifläche („Auf der Haart“), die sich unter einer Hochspannungsleitung nach unten fortsetzt. Von hier hat man einen guten Blick nach Südwesten. Hinter der Freifläche geht es weiter im Kiefernwald auf Sand. Der Sand stammt aus der Senne und ist von dort den Berg hinaufgeweht worden. Nach ca. 1,5 km biegt man an einer Wegekreuzung mit Sitzbank rechts in den Hellegrund ein, es geht bergauf. An der nächsten Wegespinne nach ca. 0,5 km geht ein Wanderweg links den Hang hinauf. Er verläuft unterhalb des Kammweges und mündet nach ca. 1,5 km auf den Hermannsweg. Hier geht es links zur früheren Gaststätte „Eiserner Anton“ und rechts weiter zum Aussichtsturm, der nach weiteren ca. 1,0 km erreicht ist.

Einkehrmöglichkeit

Hotel, Restaurant und Café „Stiller Friede“

Blick nach Norden über das Selhausen-Tal in die östlichen Bielefelder Stadtteile.

Weitere Infos

Der Turm ist ganzjährig geöffnet. Parkmöglichkeiten gibt es an der ehemaligen Gaststätte „Eiserner Anton“ an der Osningstraße zwischen Bielefeld-Sieker und Bielefeld-Senne. Von dort gelangt man auf dem leicht ansteigenden Hermannsweg nach ca. 1,0 km zum Aussichtsturm. An dem Weg fallen die mehrstämmigen Bäume auf. Es sind Reste alter Niederwälder, einer speziellen Nutzungsform zur Brennholzgewinnung.

Im Frühjahr ist an diesem Wegeabschnitt des Hermannsweges viel Waldmeister (Galium odoratum) zu sehen.

Exkurs

WALDMEISTER (Galium odoratum)

Waldmeister wird wegen seines Aromas gerne für die traditionelle Maibowle verwendet.

Waldmeister ist eine häufige und gut zu erkennende Art von Buchenwäldern auf Kalkstandorten. Der Boden darf außerdem nicht zu trocken und nicht zu nährstoffarm sein. Wegen dieser Standortansprüche gilt der Waldmeister auch als Charakterart mitteleuropäischer Buchenwälder auf „mittleren" Standorten, die als Waldmeister-Buchenwälder bezeichnet werden. Die Art ist fast in ganz Europa und in Sibirien verbreitet.

Die Pflanzen erscheinen im April. Sie werden bis zu einem halben Meter hoch. Der Stängel ist deutlich vierkantig. Die Blätter sitzen in Quirlen aus 6–10 einfachen, länglichen Blättern zusammen. Die einzelnen Blättchen tragen vorne eine kurze Stachelspitze.

Die Blüten sind leuchtend weiß und duften (lateinisch „odoratus" = wohlriechend). Die wenige Millimeter großen, kugeligen Früchte sind dicht mit hellen, hakigen Borsten besetzt. Sie bleiben im Fell von Tieren oder an der Kleidung von Menschen hängen und können so verbreitet werden.

Waldmeister wurde sowohl in der Vergangenheit in der Kräuterheilkunde verwendet als auch heute noch als Gewürz. Seinen charakteristischen Geschmack hat der Waldmeister aufgrund seines hohen Gehalts an Cumarinen, die in hohen Dosen giftig sind. Das Waldmeisteraroma ist kurz vor der Blüte am intensivsten.

Bild rechts: Waldmeister gehört zu den Labkräutern. Ein gemeinsames Merkmal dieser Arten sind die quirlständigen Blätter.

Herrliche Aussichten vom Wahrzeichen OWLs

HERMANNSDENKMAL Stadt Detmold, Kreis Lippe

Lage

Das Hermannsdenkmal liegt etwa 4 km südwestlich von Detmold. Es steht auf der Grotenburg, einer 385 Meter hohen Bergkuppe des Teutoburger Waldes, innerhalb eines germanischen Wallringes, des Großen Hünenringes.

Geschichte

Das Hermannsdenkmal erinnert an die Varusschlacht aus dem Jahr 9 n. Chr., die auch als Schlacht im Teutoburger Wald bekannt wurde. Es stellt den Cheruskerfürsten Arminius dar, der drei römische Legionen vernichtend geschlagen hat. An der Stelle der damals vermuteten Schlacht symbolisiert das Hermannsdenkmal seit 1875 die Erhebung der germanischen Stämme gegen das römische Weltreich. Sein Erbauer, der Bildhauer Joseph Ernst von Bandel, hat es als Mahnzeichen der Einigkeit für das deutsche Volk entworfen und gebaut.
Ernst von Bandel war schon als Kind fasziniert von dem Cheruskerfürsten. 1838 begann er mit dem Bau des Denkmals, finanziert durch Spenden aus allen Teilen Deutschlands. Bis 1846 war der 30 Meter hohe und nach gotischem Vorbild entworfene Unterbau fertiggestellt, die Arbeiten mussten dann aus Geldmangel erst einmal eingestellt werden. 1863 konnte von Bandel weiterarbeiten. Bis 1873 fertigte er die Einzelteile für das Standbild. Die Montage des Standbildes dauerte dann mit winterlichen Unterbrechungen weitere 2 Jahre. Am 16. August 1875 war es dann so weit: Das Hermannsdenkmal wurde von Kaiser Wilhelm I. unter Beisein einer großen Menschenmenge feierlich eingeweiht.
Als Standort für das Denkmal wurde die Grotenburg gewählt, weil hier eine etwa 11 Hektar große vorgeschichtliche Befestigungsanlage liegt, die vermutlich als Fluchtburg diente. Heute sind davon nur noch flache Wallreste im Gelände zu erkennen.

Das etwa 54 Meter hohe Denkmal besteht aus einem Unterbau mit einer Kuppel und dem Standbild. Die Sandsteinquader des Unterbaus stammen aus einem eigens dafür angelegten

Von links nach rechts: Sandflächen des Truppenübungsplatzes Stapel hinter dem Teutoburger Wald, Berge bei Oerlinghausen.

Steinbruch unweit des Denkmals. Das fast 27 Meter hohe Standbild besteht aus Kupferplatten, die im Inneren der Figur durch ein Gerüst aus eisernen Röhren gehalten werden. Das Schwert ist 7 Meter lang und trägt die Aufschrift: Deutschlands Einigkeit meine Stärke, meine Stärke Deutschlands Macht. Der linke Fuß Hermanns tritt auf Adler und Liktorenbündel, die Symbole römischer Herrschaft.

Aussicht

Im Unterbau des Hermannsdenkmals führt eine Wendeltreppe auf eine Galerie am Fuß der Kuppel. Von dort hat man eine komplette Rundumsicht.

Markant ist der Sendemast auf dem Bielstein (1,5 km, 240°). Lässt man von dort den Blick immer weiter nach rechts wandern, sind mehrere gut erkennbare Geländepunkte zu sehen. Auf dem Truppenübungsplatz Stapel werden bei trockenem Wetter und militärischem Übungsbetrieb große Sandwolken aufgewirbelt (8–9 km, 290°).

In etwa 4,5 km Entfernung liegt der 340 Meter hohe Große Ehberg (290°). Dahinter verläuft die Dörenschlucht.

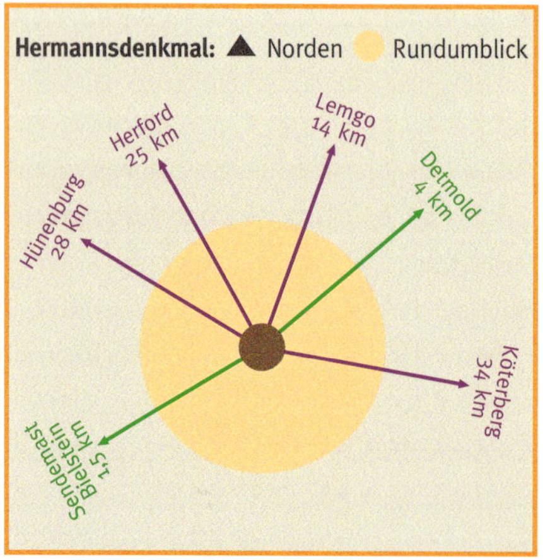

Sie ist ein erdgeschichtlich, aber auch kulturgeschichtlich bedeutsamer Pass im Teutoburger Wald. Hinter der Dörenschlucht erhebt sich in nordwestlicher Richtung bis zur Stapelager Schlucht eine Bergkette, bestehend aus Hörster Berg, Hermannsberg und Stapelager Bergen. Alle diese Berge sind aus Gesteinen der Oberen Kreide aufgebaut.

Folgt man dem Verlauf des Teutoburger Waldes kann man in etwa 28 km Entfernung den Sender auf der Hünenburg bei Bielefeld erkennen (300°). Rechts davon erstrecken sich die Landschaften des nordlippischen Berglandes und dahinter des Ravensberger Hügellandes. Bei guter Sicht sind hier von links nach rechts mehrere Städte auszumachen:

- Bielefeld (25 km, 300°)
- Herford (25 km, 330°)

Pivitsheide, Lage und Detmold im Vordergrund des rechten Bildteils.

- Lage (9 km, 340°)
- Bad Salzuflen (20 km, 340°)
- Lemgo (14 km, 20°)
- Detmold (4 km, 50°)
- Horn (8,5 km, 110°)

In östlicher Richtung ist in 34 km Entfernung (100°) der Köterberg mit dem gut sichtbaren Fernmeldeturm zu erkennen.
Nach Südwesten fällt der Blick auf die mächtigen Erhebungen des Lippischen Waldes, z.B. den 390 Meter hohen Bielstein mit dem rot-weißen Sendemast. Anders als der Teutoburger Wald nordwestlich der Dörenschlucht ist der Gebirgszug des Lippischen Waldes kaum durch Pässe gegliedert. Er bildet die Grenze zur Westfälischen Bucht und ist aus Kalkgesteinen der Oberkreide aufgebaut. Die Grotenburg gehört zum Sandsteinzug und besteht aus Flammenmergel der Unterkreide. Besonders markant ist dieser Sandstein an den weiter südlich gelegenen Externsteinen ausgebildet.

Wandermöglichkeiten

Das Hermannsdenkmal liegt direkt am Hermannsweg, siehe Seite 88.

Einkehrmöglichkeit

Gaststätte „Bandels Höhe“

Weitere Infos

Folgt man mit dem Auto von Hiddesen oder Heiligenkirchen den Schildern zum Hermannsdenkmal, gelangt man oben auf der Grotenburg auf einen gebührenpflichtigen Parkplatz. Von dort sind es nur wenige hundert Meter bis zum Denkmal. Auf dem Weg zum Hermannsdenkmal kommt man an einem Kletterpark zwischen alten Buchen vorbei.
Ein weiterer, kostenloser Parkplatz liegt an der Auffahrt zum Hermannsdenkmal von Hiddesen aus in einer scharfen Linkskurve. An diesem Wanderparkplatz „Heidental“ beginnen zwei Rundwanderwege. Der etwa 5 km lange Wanderweg A1 führt einmal um die Grotenburg herum. Etwas kürzer ist der Wanderweg A2 (4,5 km). Auf ihm gelangt man auf die Grotenburg und zum Hermannsdenkmal. Beim Naturpark Teutoburger Wald/Eggegebirge ist ein kostenloses Faltblatt mit Rundwanderwegen in der Umgebung erhältlich.
Der Eintritt zum Hermannsdenkmal kostet 1,30 Euro (für Kinder 50 Cent).

Weitere Informationen im Internet: www.hermannsdenkmal.de

Im Frühjahr lassen sich die dunkelgrünen Fichten gut von den frischen, hellgrün gefärbten Blättern der Buchen unterscheiden.

Weitere Aussichtspunkte von lokaler Bedeutung im Teutoburger Wald

KAFFEEMÜHLE · SCHWEDENSCHANZE · KUMSTTONNE

Aufgrund seiner lang gestreckten Form ergeben sich vom Höhenzug des Teutoburger Waldes über die in diesem Buch vorgestellten Aussichtspunkte hinaus zahlreiche Möglichkeiten für attraktive Ausblicke in die Umgebung. Einige wenige sind hier beispielhaft genannt.

Die Kaffeemühle steht ein wenig versteckt im Teutoburger Wald bei Halle.

Kaffeemühle

(Stadt Halle, Kreis Gütersloh)

Etwa 1 km nordöstlich des Stadtzentrums von Halle liegt am Anstieg zum Knüll etwa auf halber Höhe die sogenannte Kaffeemühle. Dieser Aussichtspavillon ist der Rest eines kleinen Landschaftsparks der Kaufmannsfamilie Hagedorn. Seine Form ähnelt einer alten Handkaffeemühle. Von dort erkennt man in einer schmalen Sichtachse zwischen dem Buchenwald des Teutoburger Waldes in südwestlicher Richtung die Häuser der Stadt Halle mit der evangelischen Kirche an der Rosenstraße und dem Gerry-Weber-Stadion am rechten Rand des Blickfeldes. Darüber hinaus geht der Blick weit in das Münsterland mit den Zementwerken bei Beckum am Horizont (Bild Seite 8).

Schwedenschanze

(Stadt Bielefeld)

In über 300 Meter Höhe steht auf dem Bußberg nördlich von Steinhagen eine Berghütte in der Nähe von Wallresten einer Verteidigungsanlage aus dem 17. Jahrhundert, der sogenannten Schwedenschanze. Nach Nordosten hat man von hier einen schönen Blick in die Parklandschaft des Ravensberger Hügellandes um Kirchdornberg. Die Hütte ist bewirtschaftet.

Die Form der Kumsttonne erinnert an die Steinguttöpfe, in denen Kumst = Weißkohl zu Sauerkraut vergoren wird.

Kumsttonne

(Stadt Oerlinghausen, Kreis Lippe)

Von der Oerlinghauser Innenstadt aus erreicht man in wenigen Minuten einen schönen Aussichtspunkt direkt am Hermannsweg, die sogenannte Kumst-

Vom Hermannsweg in der Nähe der Kumsttonne schaut man auf Oerlinghausen.

tonne. Dabei handelt es sich um den Stumpf einer Mühle aus dem Jahr 1752/53, die allerdings nur 60 Jahre in Betrieb war. Kumst ist eine mundartliche Bezeichnung für Weißkohl. Die Form des Mühlenstumpfes erinnert an die Steintöpfe zur Sauerkrautherstellung.

Die Kumsttonne ist derzeit nicht begehbar. Durch einen Ausbau des Turmes könnte hier ein attraktiver Aussichtspunkt mit einem weiten Blick nach Nordosten ins Lippische Bergland und nach Süden in die Senne entstehen. Vom Hermannsweg aus hat man auch jetzt schon einen schönen Blick über die Innenstadt von Oerlinghausen nach Leopoldshöhe und Lage. Parkmöglichkeiten für einen Aufstieg zur Kumsttonne gibt es an der Hauptstraße in Oerlinghausen.

WARBURGER BÖRDE

Die Warburger Börde, auch Borgentreicher Börde oder Borgentreicher Mulde genannt, ist eine Senke zwischen mehreren Bergländern. Im Westen erhebt sich das Eggegebirge, im Süden das Hessische Bergland und im Norden und Osten das Brakeler Bergland. Der geologische Untergrund besteht aus Keupergestein, das zum größten Teil von Löss bedeckt wurde.

Fruchtbarer Lössboden

Löss ist eine helle, braun-gelbe, kalkhaltige, feinkörnige Schicht, die in der letzten Kaltzeit, der Weichsel-Kaltzeit, vor 10.000–70.000 Jahren vom Wind abgelagert wurde. In trockenem Zustand ist er staubartig-fein und fühlt sich wie Mehl an. Er kann viel Wasser aufnehmen und speichern. Böden auf Löss sind für den Ackerbau sehr gut geeignet. Lösslandschaften, die wegen der guten Bodenfruchtbarkeit heute mehr oder weniger waldfrei sind, werden auch als Börden bezeichnet (z.B. auch die Soester Börde und die Magdeburger Börde). Die Landschaft der Warburger Börde ist leicht hügelig und liegt zwischen 200 und 300 Meter NN. Die höchste Erhebung ist mit 344 Meter NN der weithin sichtbare Desenberg, ein erloschener Vulkankegel mit einer Burgruine auf der Bergspitze.

Intensive Landwirtschaft, wenig Wald

Die sehr fruchtbaren Böden der Warburger Börde werden schon lange intensiv landwirtschaftlich genutzt. Angebaut werden vor allem Zuckerrüben, aber auch Getreide und andere Feldfrüchte.

Das typische Landschaftsbild der Warburger Börde.

Die fruchtbare Warburger Börde liegt am südöstlichen Rand von Ostwestfalen-Lippe.

Grünland gibt es nur in den feuchten Talauen. In dieser weiten, offenen Agrarlandschaft sind nur wenige kleine Waldreste erhalten geblieben. Vor allem der zentrale Bereich um Borgentreich ist fast baumlos.

Die tief eingeschnittene Diemel begrenzt die Warburger Börde im Süden. Hier tritt Muschelkalk an die Oberfläche. Typisch für die übrigen netzartig verzweigten Fließgewässer (z.B. die Eggel) sind weite, flache Talräume.

Die Burgruine steht auf der erstarrten Lava eines Vulkankegels.

Aussicht vom Vulkankegel

DESENBERG

Stadt Warburg, Kreis Höxter

Lage

Der Desenberg ist ein steiler Bergkegel etwa 3 km nordöstlich von Warburg. Mit 344 Meter Höhe ragt er etwa 150 Meter über seine Umgebung hinaus. Er liegt am Südrand der Warburger Börde. In südlicher Richtung ist es nicht weit bis an die hessische Landesgrenze.

Geschichte

Bereits in sächsischer Zeit war der Desenberg befestigt. Heute trägt der Gipfel die Ruine einer mittelalterlichen Burg. Ursprünglich im Besitz der Grafen von Northeim, gelangte die Burg im 12. Jahrhundert an Heinrich den Löwen, der mit ihr die Grafen von Schwalenberg belehnte. 1180 trat Heinrich der Löwe den Desenberg an Kaiser Friedrich Barbarossa ab. In der Mitte des 13. Jahrhunderts übernahm die Familie v. Spiegel den Berg und die Burg. Im 16. Jahrhun-

Der Desenberg ist ein wahrer Luginsland für die Warburger Börde. Hinter dem Gut Rothehaus am Fuße des Berges erkennt man die Ortschaft Dössel.

Bild oben: Gut Rothehaus inmitten der Feldflur.

Bild rechts: Zu den ehemaligen Besitzern der Burg auf dem Desenberg gehörte auch Kaiser Friedrich Barbarossa.

dert wurde die Burg als Wohnsitz aufgegeben und verfiel in der Folgezeit. Von seiner Gestalt her erinnert der Desenberg stark an einen Vulkan. Vulkane gibt es allerdings in unserem Raum schon lange nicht mehr, und im Laufe der Zeit sind die Vulkankegel von den Kräften der Verwitterung längst abgetragen. Erhalten geblieben sein kann allerdings – wie beim Desenberg – erstarrte Lava des Vulkanschlotes. Der harte Basalt bot der Verwitterung viel mehr Widerstand als die weicheren Ton- und Mergelsteine des in der Umgebung anstehenden Keupergesteins.

Aussicht

Vom Turm der Burgruine hat man eine komplette Rundumsicht. Nach Norden geht der Blick weit über die großen Ackerflächen der Warburger Bördelandschaft. Typisch für die fast baumlose Agrarlandschaft sind die vielen Dörfer, Güter und großen Feldscheunen. Den Horizont bilden das Hessische Bergland im Süden, der Solling im Nordosten, das Brakeler Bergland im Norden und das Eggegebirge im Westen. Auf der Egge ist bei Willebadessen der Sendemast zu sehen (20 km, 320°). In geringer Entfernung südlich des Desenberges verläuft die Diemel.

Im Vordergrund liegt das Gut Rothehaus (0,5 km, 320°), dahinter die Ortschaft Dössel (3,5 km, 320°). Links davon sind

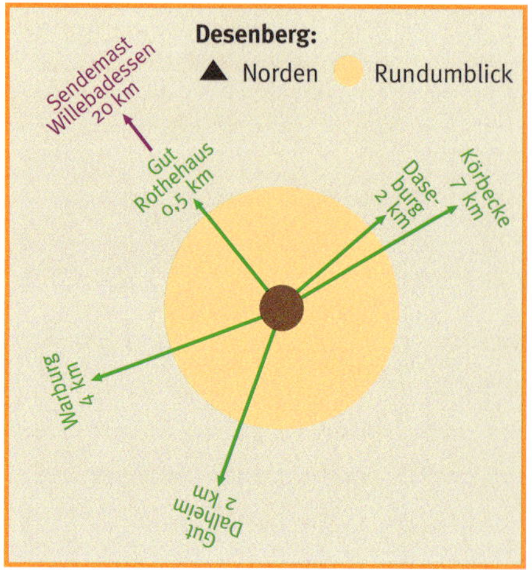

Vor Warburg liegt eine der typischen großen Feldscheunen dieser Gegend.

die Ortschaften Hohenwepel (6 km, 310°) und Menne (6 km, 290°) zu erkennen. Auch das Gut Dalheim im Tal der Diemel ist nicht weit entfernt (2 km, 200°), rechts dahinter liegen die Häuser von Calenberg (4,5 km, 210°). Über die mitten in den Feldern gelegene Ortschaft Daseburg (2 km, 50°) blickt man nach Rösebeck (4,5 km, 55°) und Körbecke (7 km, 60°).

Nach Westen schaut man in die Stadt Warburg (4 km, 250°) mit dem hoch aufragenden Turm der Neustädter Pfarrkirche St. Johannes Baptist aus der Mitte des 13. Jahrhunderts. In Richtung Süden sind mehrere Basaltstümpfe von Vulkanbergen zu sehen, die für das Hessische Bergland typisch sind.

In der Bildmitte ist das von rechts nach links laufende Tal der Diemel an den Gehölzen gut zu erkennen. Die Häuser am rechten Bildrand gehören zu Warburg.

Wandermöglichkeiten

Der Desenberg liegt am Kreiswanderweg des Kreises Höxter. Der Kreiswanderweg zieht sich auf 288 km Länge wie eine große Acht durch den gesamten Kreis Höxter. Er ist einheitlich mit dem Logo des Kulturlandes Kreis Höxter markiert. Weitere Aussichtspunkte an diesem Weg sind der Brunsberg und der Rodeneckturm.

Einkehrmöglichkeiten

Die nächsten Einkehrmöglichkeiten sind in Warburg.

Weitere Infos

An der Straße zwischen Warburg und Daseburg (L 838) liegt direkt am Fuß des Desenberges ein Parkplatz. Von dort gelangt man in 10 Minuten auf einem steil bergauf führenden Weg zur Ruine.

WESERTAL

Die Weser entsteht durch den Zusammenfluss von Fulda und Werra in Hannoversch Münden (Niedersachsen). Nach etwa 40 km erreicht sie Ostwestfalen-Lippe nahe der Diemelmündung in Bad Karlshafen. Nach weiteren etwa 40 km vorbei an Beverungen und Höxter verlässt sie OWL, fließt in einem weiten Bogen vorbei an Hameln und Rinteln und erreicht OWL nach weiteren 80 km wieder bei Veltheim (Stadt Porta-Westfalica). Der Weserlauf führt weiter durch die Porta Westfalica und vorbei an Minden, nach 75 km erreicht sie hinter Petershagen das Land Niedersachsen.

Einteilung der Weser

Der etwa 200 km lange Abschnitt der Weser zwischen Hannoversch Münden und Porta Westfalica wird als Oberweser bezeichnet. Von der Porta Westfalica aus fließt die Mittelweser durch die Norddeutsche Tiefebene. Unterweser und Außenweser bei Bremen unterliegen bereits den Gezeiten der Nordsee.

Blicke auf die Weser

Im Tal der Weser liegen keine Aussichtspunkte, von denen eine weite Sicht möglich ist. Von den umgebenden Bergländern hat man aber von mehreren Aussichtspunkten einen guten Blick ins Wesertal hinein, z.B. vom Brunsberg, vom Köterberg und vom Rodeneckturm bei Höxter sowie vom Kaiser-Wilhelm-Denkmal und vom Fernmeldeturm auf dem Jakobsberg im Wiehengebirge.

Weite Mäander der Oberweser

Zwischen Beverungen und Bodenwerder fließt die Weser in einem breiten Tal mit weiten Mäandern. Im Westen erheben sich die Muschelkalk-Berge des Brakeler Berglandes, im Osten die Höhen des Sollings, der aus Buntsandstein aufgebaut ist. Im Wesertal selbst bilden Auenlehme und lössbedeckte Schotterterrassen die obere geologische Schicht. Der Weserkies wird vielfach abgebaut; die wassergefüllten Abbaugruben bestimmen das Landschaftsbild zwischen Höxter und Bodenwerder.

Die Weser verläuft in der Nähe der Landesgrenze zu Niedersachsen.

Die fruchtbaren Böden der Weseraue werden intensiv landwirtschaftlich genutzt, tiefer gelegene, gewässernahe Bereiche als Grünland, die höhergelegenen lössbedeckten Flächen als Acker.

Weserkies-Abbaugruben in der Nähe von Höxter.

WIEHENGEBIRGE und Wesergebirge

Das Wiehengebirge ist ein von Nordwest nach Südost verlaufender, schmaler Gebirgszug am Nordrand des Weserberglandes. Es ist der nördlichste Ausläufer der deutschen Mittelgebirgslandschaft. Das bis über 300 Meter hohe Gebirge erstreckt sich auf etwa 60 km Länge von Bramsche bis nach Minden und Porta-Westfalica. Nach Osten setzt sich das Wiehengebirge als Wesergebirge fort, das aus geologischer Sicht ähnlich aufgebaut ist.

Wiehen- und Wesergebirge bilden die Grenze der Mittelgebirgslandschaft zum Norddeutschen Tiefland.

Auffaltung vor 100 Millionen Jahren

Entstanden ist das Wiehengebirge durch Hebungen und Auffaltungen der Erdkruste in der Saxonischen Gebirgsbildung vor etwa 100 Millionen Jahren. Die daran beteiligten Gesteinsschichten stammen aus dem Dogger und Malm (Mittel- bzw. Oberjura). Sie entstanden vor 140 bis 170 Millionen Jahren als Meeresablagerungen. Die Gesteine des Wiehengebirges sind harte, braun gefärbte Sandsteine.

Sehr, sehr schmal

Die maximale Breite des bewaldeten Höhenzuges des Wiehengebirges beträgt 2 km, an schmaleren Stellen sind es nur etwa 500 Meter. Das kammartige, langgestreckte Gebirge wird durch viele Pässe und Durchbruchtäler gegliedert. Seine Südseite ist deutlich steiler als die Nordseite. Zum großen Teil ist das Wiehengebirge heute mit Nadelholzbeständen bewaldet, stellenweise aber auch mit naturnahen Buchen- und Eichenwäldern. Auf dem Kamm sind an mehreren Stellen interessante Aussichtspunkte, die einen weiten Blick in die angrenzenden Tief- und Hügelländer erlauben.

Nördlich der Übergang zum Tiefland

Nach Norden schließt sich ein etwa 5 bis 10 km breiter Streifen direkt an das Wiehengebirge an, das Lübbecker Lössland. Es bildet die Übergangslandschaft zum angrenzenden weiträumigen Norddeutschen Tiefland. Auf Grund der fruchtbaren Lössböden werden die meisten Flächen hier schon lange ackerbaulich genutzt. Ausnahmen sind die Schutzgebiete „Bastauniederung“ und „Großes Torfmoor“ mit feuchten Wiesen und Moorflächen. Im Norden dieser Niederungslandschaft verläuft der Mittellandkanal. Dahinter schließt sich die Rahden-Diepenauer-Geestlandschaft an.

Rechts: Blick vom Jakobsberg im Wesergebirge auf das beim Porta-Denkmal beginnende Wiehengebirge. ▶

An der Landesgrenze zu Niedersachsen

WIEHENTURM

Stadt Preußisch Oldendorf, Kreis Minden-Lübbecke

Lage

Etwa 3 km südwestlich von Preußisch Oldendorf erhebt sich die kleine Berggruppe Schwarzer Brink. Auf einer der Kuppen steht auf 207 Meter NN der Wiehenturm nur wenige Meter von der Landesgrenze zu Niedersachsen entfernt.

Geschichte

Der Wiehenturm ist eine 21 Meter hohe Holzkonstruktion, die mit Mitteln des Naturparks Terra Vita von der Stadt Preußisch Oldendorf errichtet wurde.

Aussicht

Die Aussicht vom Wiehenturm ist in östlicher Richtung etwas durch die aufgewachsenen Bäume eingeschränkt. Nach Osten schaut man in die Kronen dieser Bäume, nach Westen schaut man über die Buchen- und Fichtenwälder des niedersächsischen Teiles des Wiehen-

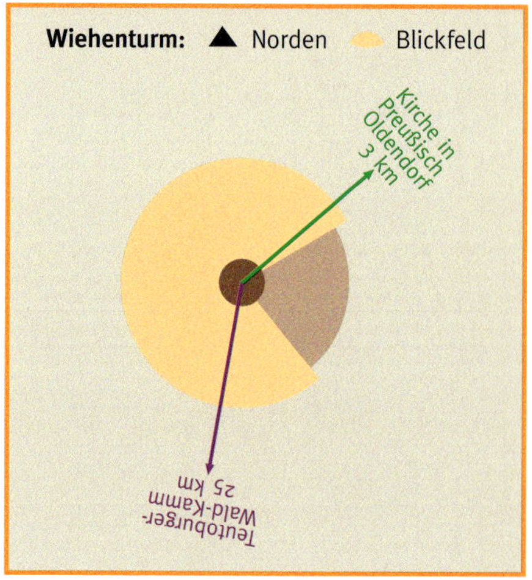

gebirges hinweg. In nördlicher Richtung liegt die Stadt Preußisch Oldendorf, sie ist allerdings größtenteils durch einen bewaldeten Bergrücken verdeckt. Zu erkennen ist rechts von dem Bergrücken die Turmspitze der St.-Dionysius-Kirche aus dem Anfang des 16. Jahrhunderts.

Das links von dem Bergrücken liegende Gewerbegebiet liegt bereits auf niedersächsischem Gebiet und gehört zum Ortsteil Dahlinghausen der Gemeinde Bad Essen.

Morgenstimmung am Wiehenturm. Links ragt die Turmspitze mit der Wetterfahne aus den Buchen heraus.

An der Landesgrenze zu Niedersachsen schaut man vom Wiehenturm auf eine der typischen Streusiedlungen des Wiehengebirges.

Nach Süden hat man einen freien Blick über ein landwirtschaftlich geprägtes, mit fruchtbarem Löss angefülltes Tälchen zum Hauptkamm des Wiehengebirges. Dahinter ist der Höhenzug des Teutoburger Waldes westlich von Bielefeld zu erkennen.

Wandermöglichkeiten

Vom Wanderparkplatz „Schwarzer Brink" aus hat man mehrere Möglichkeiten für Wanderungen auf gekennzeichneten Rundwanderwegen, z.B. auf dem A5 (6,3 km), dem A8 (3,8 km) oder dem A9 (5,5 km).

Einkehrmöglichkeiten

Die nächsten Einkehrmöglichkeiten sind in Preußisch Oldendorf.

Weitere Infos

Parkmöglichkeiten gibt es am Wanderparkplatz „Schwarzer Brink", der direkt an der Kreisstraße von Börninghausen nach Preußisch Oldendorf liegt. Vom Parkplatz aus folgt man dem Wanderweg in westlicher Richtung. Nach wenigen Metern sieht man den Turm mit der Wetterfahne über die Bäume ragen.

Der Turm ist ganzjährig geöffnet.

Die Landesgrenze zu Niedersachsen verläuft auf der dem Parkplatz gegenüberliegenden Straßenseite.

Acker und Feldflur des Ravensberger Hügellands

Aussichtsturm auf dem NONNENSTEIN Gemeinde Rödinghausen, Kreis Herford

Lage

Auf dem Nonnenstein (274 Meter NN) etwa 1 km nördlich von Rödinghausen

Der Aussichtsturm auf dem Nonnenstein wurde Ende des 20. Jahrhunderts auf die Höhe von 14 Metern aufgestockt.

steht ein Aussichtsturm genau auf der Grenze zwischen den Kreisen Minden-Lübbecke (im Norden) und Herford (im Süden).

Geschichte

Der Aussichtsturm auf dem Nonnenstein stammt aus dem Jahr 1897. Er wurde als „Kaiser-Wilhelm-Turm“ gebaut und war ursprünglich niedriger als heute. Vor einigen Jahren wurde er aufgestockt, um über den mittlerweile aufgewachsenen Baumbestand hinweg auch weiterhin eine weite Aussicht genießen zu können. Im Wappen der Gemeinde Rödinghausen ist der Turm stilisiert dargestellt. Der Legende nach stand auf dem Berg Nonnenstein einmal ein Nonnenkloster. Rebellische Bauern sollen das Kloster der hartherzigen Nonnen bis auf einen Turm dem Erdboden gleichgemacht haben.

Aussicht

In südlicher Richtung geht der Blick vom Aussichtsturm über die Agrarlandschaft des Ravensberger Hügellandes zum Teutoburger Wald bei Bielefeld. Auf dem Kamm des Teutoburger Waldes ist der Fernmeldeturm auf der Hünenburg gut zu sehen (28 km, 180°). Direkt unterhalb des Turmes liegt die Ortschaft Rödinghausen. In südöstlicher Richtung ist die Stadt Bünde zu erkennen (10 km, 130°), dahinter verläuft in Ost-West-Richtung die Autobahn 30.
Nach Norden schaut man über aufwachsende Douglasien über Börninghausen hinweg auf den Wald des Limberges. Dahinter liegen die Häuser von Preußisch Oldendorf.

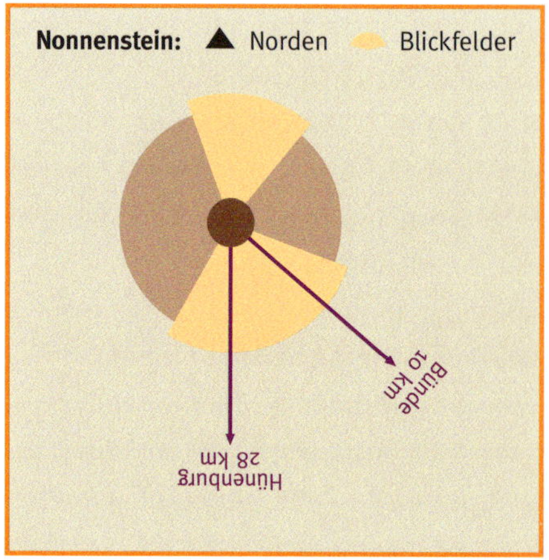

Südlich vor dem Wiehengebirge liegt das Ravensberger Hügelland.

Wandermöglichkeiten

Der Aussichtsturm auf dem Nonnenstein liegt am Europäischen Fernwanderweg E11. Er verläuft von Den Haag über Berlin bis nach Masuren hauptsächlich in Niederungen. Nur wenige Mittelgebirge, wie zum Beispiel das Wiehengebirge und der Harz, liegen auf der Strecke. Über das Wiehengebirge hinweg führt er auch kurz unterhalb des Wartturms auf dem Wurzelbrink und direkt am Moltketurm, am Kaiser-Wilhelm-Denkmal und am Fernmeldeturm auf dem Jakobsberg vorbei.

Einkehrmöglichkeiten

Einkehrmöglichkeiten gibt es im Luftkurort Rödinghausen.

Weitere Infos

Etwa 100 Meter vom Turm in nordöstlicher Richtung wurde im Jahr 1911 eine 6 Meter hohe Sandsteinsäule auf quadratischem Grundriss und mit einem Bismarck-Medaillon an der Vorderseite errichtet.

Vom Wanderparkplatz an der Straße „Zum Nonnenstein" am Friedhof in Rödinghausen ist der ganzjährig zugängliche Aussichtsturm in etwa 20 Minuten zu erreichen. Dazu folgt man den Hinweisschildern zum Nonnenstein oder dem Rundwanderweg A1 (3,0 km).

Lug auf Stift Quernheim im Ravensberger Hügelland

WURZELBRINKTURM

Stadt Lübbecke, Kreis Minden-Lübbecke

Lage

Südlich von Lübbecke erhebt sich mit 318 Meter NN der zweithöchste Berg des Wiehengebirges, der Wurzelbrink. (Der etwa einen Meter höhere Heidbrink liegt 2 km weiter nordöstlich auf der anderen Seite der Bundesstraße 239.) Auf der Spitze des Wurzelbrinks steht ein Aussichtsturm, der Wartturm genannt wird.

Geschichte

Der Wartturm auf dem Wurzelbrink stammt aus dem Jahr 1857. Er ist also nicht – wie der Name vermuten lassen könnte – Teil einer mittelalterlichen Landwehr, wie z.B. die Modexer Warte bei Brakel oder die Nieheimer Warte.

Aussicht

Die Aussicht vom Wartturm auf dem Wurzelbrink ist heute durch den hohen Baum-

Der Wechsel von Äckern, Wiesen und Waldinseln macht den Reiz der Landschaft südlich des Wiehengebirges aus.

wuchs in der Umgebung weitgehend versperrt. Nur in südlicher Richtung ist eine Aussicht möglich. Man schaut auf die Häuser von Stift Quernheim im Ravensberger Hügelland. Am Horizont liegt der Teutoburger Wald mit dem Fernmeldeturm auf der Hünenburg bei Bielefeld. Nach Osten läuft der Gebirgszug des Wiehengebirges weiter bis zur Porta Westfalica in etwa 25 km Entfernung.

Wandermöglichkeiten

Vom Wanderparkplatz an der Wartturmstraße aus gibt es mehrere Möglichkeiten für Rundwanderungen.

Einkehrmöglichkeit

Brauereigaststätte „Barres Brauwelt"

Weitere Infos

Parkmöglichkeiten gibt es an der Warttumstraße in Lübbecke und bei der Brauerei Barre an der Berliner Straße. Von der Wartturmstraße gelangt man auf dem in südlicher Richtung leicht ansteigenden Rundwanderweg A1 zum Turm.
Der Turm ist ganzjährig geöffnet.

Der Wurzelbrinkturm ahmt die Bauform der mittelalterlichen Warttürme nach.

Panoramablick auf das Weserbergland

MOLTKETURM Stadt Porta Westfalica, Kreis Minden-Lübbecke

Lage

Der Moltketurm liegt auf dem Kamm des Wiehengebirges auf 281 Meter Höhe auf dem Wittekindsberg und etwa 1 km westlich des Kaiser-Wilhelm-Denkmals an der Porta Westfalica. Er ist etwa 14 Meter hoch und aus dem Portasandstein der Umgebung gebaut.

Geschichte

Der Moltketurm wurde 1828/1829 für Zwecke der Landesvermessung als Signalpunkt mit dem Namen „Wittekindstein" errichtet. Erst 1906 erhielt er den Namen Moltketurm als Erinnerung an den preußischen Generalstabschef Graf Hellmuth von Moltke (1800 bis 1891). 1941 erwarb die Gemeinde Barkhausen den Turm. Später wurde er mit Hilfe privater Spenden als Aussichtsturm ausgebaut.

Aussicht

Vom Moltketurm überblickt man mit dem Ravensberger Hügelland und dem Lippischen Bergland einen großen Teil des Weserberglandes, außerdem das Wiehengebirge, das Wesertal und das Norddeutsche Tiefland. Vom Wiehengebirge selbst sind allerdings nur die Baumkronen der Buchen zu sehen.

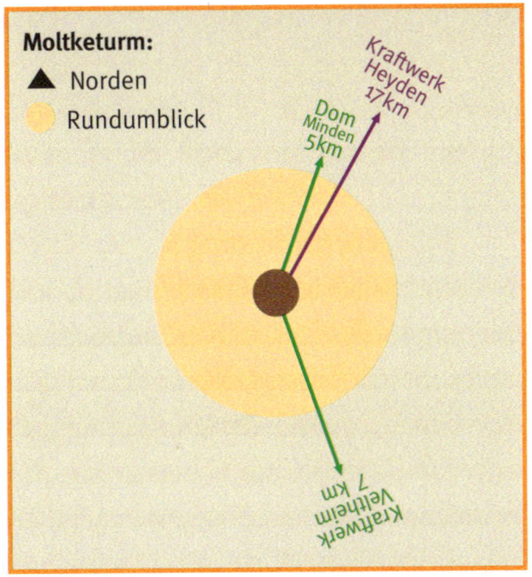

Über Minden hinweg blickt man in nördlicher Richtung zum Kraftwerk Heyden in Petershagen-Lahde (17 km, 30°). Nach Süden schaut man auf die breitflächige Terrassenlandschaft des Wesertals mit den vielen Wasserflächen der Baggerteiche. Hinter dem größten See mit der Freizeit- und Erholungsanlage „Großer Weserbogen" liegt an der Mündung der Werre die Stadt Bad Oeynhausen. Dort schaut man ein weites Stück die Autobahn 2 hinunter, die hier hinter den langen Flussbrücken

Zwischen den Zweigen ist links im Bild der Mindener Dom zu erkennen.

Bild links: In südlicher Richtung zerschneidet die Autobahn 2 das breite Wesertal.

Die vielen Wasserflächen im Südwesten des Moltketurms sind Zeugen des Kiesabbaus.

über die Weser nach Südwesten verschwenkt. Im Südosten liegt das Kraftwerk Veltheim (7 km, 160°).

Wandermöglichkeiten

Der Moltketurm liegt am Europäischen Fernwanderweg E11. Er verläuft von Den Haag über Berlin bis nach Masuren hauptsächlich in Niederungen. Nur wenige Mittelgebirge, wie z.B. das Wiehengebirge und der Harz, liegen auf der Strecke. Über das Wiehengebirge hinweg führt er auch kurz unterhalb des Wartturms auf dem Wurzelbrink und direkt am Aussichtsturm auf dem Nonnenstein, am Kaiser-Wilhelm-Denkmal und am Fernmeldeturm auf dem Jakobsberg vorbei.

Einkehrmöglichkeit

Berghotel „Wittekindsburg" (vom Moltketurm aus auf dem Kammweg – A2 bzw. A4 – etwa 0,5 km Richtung Westen)

Weitere Infos

Der Moltketurm ist von hoch aufragenden Bäumen umgeben. Derzeit ist eine gute Aussicht von Südwesten über Süden nach Südosten möglich. In wenigen Jahren wird die Aussicht aber wegen der weiter aufwachsenden Bäume nicht mehr möglich sein.
Am besten ist der Moltketurm vom Kaiser-Wilhelm-Denkmal aus zu Fuß zu erreichen. Auf dem Kammweg (A2 bzw. A4) wandert man 1 Kilometer Richtung Westen. Parkmöglichkeiten gibt es am Kaiser-Wilhelm-Denkmal.
Der Moltketurm ist ganzjährig zugänglich.

Der Porta Westfalica genannte Weser-Durchbruch am östlichsten Punkt des Wiehengebirges ist eines der bedeutendsten Geotope in Deutschland. Als Geotope werden erdgeschichtliche Gebilde der unbelebten Natur bezeichnet, die Erkenntnisse über die Entwicklung der Erde und die Entstehung des Lebens vermitteln.
Die Weser hat hier in einer tiefen Kerbe den Gebirgszug des Wiehengebirges mit dem direkt anschließenden Wesergebirge durchbrochen. An der Porta Westfalica verlässt die Weser das Weserbergland und fließt in das Norddeutsche Tiefland. Die Betrachtung der Entstehung des Durchbruchtales zeigt interessante Einblicke in die Erdgeschichte dieses Raumes.

Exkurs

DIE PORTA WESTFALICA

Der Weser-Durchbruch im Wiehengebirge wird Westfälische Pforte genannt. Auf seiner östlichen Seite erhebt sich das Wesergebirge mit dem Fernmeldeturm auf dem Jakobsberg.

Früherer Lauf der Weser

Vor Beginn der drittletzten Eiszeit, der Elster-Eiszeit, hatte die Weser vor fast 500.000 Jahren einen ganz anderen Verlauf als heute. Von Süden kommend floss sie bei Hameln nicht nach Nordwesten weiter, sondern nach Nordosten zwischen dem Deister und dem Hildesheimer Wald etwa auf dem Gebiet der heutigen Stadt Hannover. Auf dem Weg in das Norddeutsche Tiefland gab es hier keine Hindernisse für das Wasser. Mit dem Vordringen des Eises aus Norden wurde dieser Weg versperrt, der Fluss wurde in nordwestlicher Richtung abgelenkt. Gegen Ende der Elster-Eiszeit gelang der Weser vor etwa 370.000 Jahren der Durchbruch durch das Gebirge. Dass der Fluss ausgerechnet an dieser Stelle einen Durchbruch schaffte, lag vermutlich an einer tektonischen Störungszone des Gebirges, die vom Eggegebirge bis hierhin reicht.

In der Saale-Eiszeit (230.000 bis 130.000 Jahre vor heute) war der Weserabfluss durch die Porta-Westfalica durch die großen Eismassen versperrt. Das Wasser staute sich auf und floss vermutlich sowohl nach Süden als auch nach Westen über den Teutoburger Wald in das Münsterland ab. Nach dem Abtauen des Eises suchte sich die Weser wieder ihren Weg durch die Porta Westfalica.

An der Porta Westfalica

KAISER-WILHELM-DENKMAL

Stadt Porta Westfalica, Kreis Minden-Lübbecke

Lage

Das Kaiser-Wilhelm-Denkmal steht auf dem Wittekindsberg etwa einen Kilometer südlich von Barkhausen, einem Ortsteil der Stadt Porta-Westfalica. Der Wittekindsberg ist 294 Meter hoch und bildet die westliche Begrenzung des engen Durchbruchtales der Weser, der sogenannten Porta Westfalica.

Geschichte

Die Provinz Westfalen ehrte mit dem Bau des Kaiser-Wilhelm-Denkmals den Gründer des zweiten deutschen Kaiserreiches, Wilhelm I. Die Pläne stammen von demselben Architekten, der auch das Kyffhäuser-Denkmal und das Deutsche Eck entworfen hat. 1892 begannen die Bauarbeiten, sie fanden ihren Abschluss mit der Einweihung des Denkmals am 18. Oktober 1896. Eine Ringterrasse wurde am Fuß des Denkmals angelegt, sie hat mehr als 100 Meter Durchmesser. Über zwei Freitreppen gelangt man auf die Hochterrasse.

An der Porta Westfalica hält Kaiser Wilhelm I. segnend seine Hand über das Westfalenland.

Ausblick auf Minden und das Norddeutsche Tiefland. Im Hintergrund das Kraftwerk Heyden bei Petershagen-Lahde.

Von dort führen noch einmal 20 Stufen in den Kuppelbau, in dem eine sieben Meter hohe gusseiserne Statue Wilhelms I. auf einem fast sechs Meter hohen Steinsockel steht.

Das 88 Meter hohe Denkmal ist heute das Wahrzeichen der Stadt Porta Westfalica. Es ist von weither zu sehen.

Aussicht

Von der Hochterrasse des Denkmals hat man einen weiten Blick über die Stadt Minden hinweg in die Norddeutsche Tiefebene und auf den östlichen Teil des Wiehengebirges. Gut zu erkennen ist der Dom im mittelalterlichen Stadtkern Mindens.

Im Tal unterhalb des Denkmals verlaufen mit den Bundesstraßen 61 (links der Weser) und 482 (rechts der Weser) sowie der Eisenbahnlinie von Hannover nach Dortmund wichtige Verkehrslinien.

In östlicher Richtung ist der Aufbau des Wesergebirges gut zu sehen: der schwache Anstieg aus nördlicher Richtung

Gewerbegebiet von Porta Westfalica. Im Vordergrund ist die Weser zu sehen, in der Bildmitte am Horizont die Salzhalde bei Wunstorf.

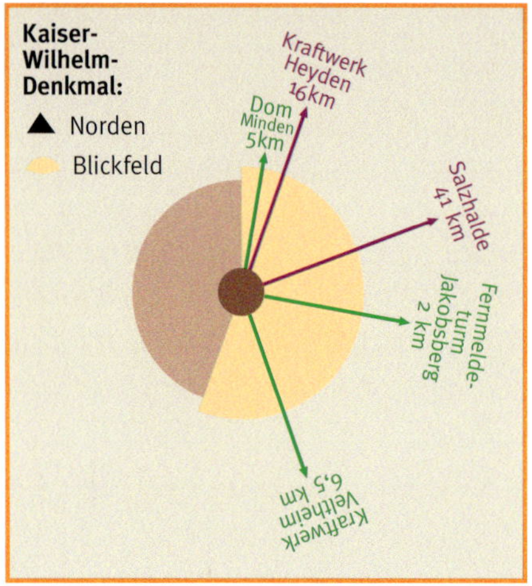

und der steile Abfall nach Süden. Folgende Punkte können bei guter Sicht erkannt werden:

- Mindener Dom (5 km, 10°)
- Kraftwerk Heyden bei Petershagen-Lahde (16 km, 20°)
- Kali- und Salzhalde bei Wunstorf (41 km, 70°)
- Fernmeldeturm auf dem Jakobsberg (2 km, 100°)
- Kraftwerk Veltheim (6,5 km, 160°)

Wandermöglichkeiten

Rundwanderungen sind vom Denkmal aus auf dem A2 und auf dem A4 möglich. Beide Wanderwege führen am Moltketurm und am Berghotel „Wittekindsburg" vorbei.

Das Kaiser-Wilhelm-Denkmal liegt am Europäischen Fernwanderweg E11. Er verläuft von Den Haag über Berlin bis nach Masuren hauptsächlich in Niederungen. Nur wenige Mittelgebirge, wie z.B. das Wiehengebirge und der Harz, liegen auf der Strecke. Über das Wiehen-

In der Bildmitte ist das Kraftwerk Veltheim deutlich zu erkennen. Die dahinter verlaufende Weser ist verdeckt.

gebirge hinweg führt er auch kurz unterhalb des Wartturms auf dem Wurzelbrink und direkt am Aussichtsturm auf dem Nonnenstein, am Moltketurm und am Fernmeldeturm auf dem Jakobsberg vorbei.

Einkehrmöglichkeiten

Gaststätte „Denkmalsgaststätte"
Berghotel „Wittekindsburg" (vom Denkmal aus auf dem Kammweg – A2 bzw. A4 – etwa 1,5 km Richtung Westen)

Weitere Infos

Die Zufahrt ist von der Portastraße (Verlängerung der Weserbrücke) ausgeschildert. Ein Parkplatz liegt hinter der Gaststätte „Denkmalsgaststätte". Von dort sind es noch etwa 300 Meter bis zum Denkmal. – Das Denkmal ist ganzjährig geöffnet.

Fernblick in die Norddeutsche Tiefebene (Stadt Porta Westfalica, Kreis Minden-Lübbecke)

FERNMELDETURM AUF DEM JAKOBSBERG

Der „Lange Jakob“ ragt mit seinen gut 140 Metern deutlich aus den Wäldern des Wesergebirges hervor.

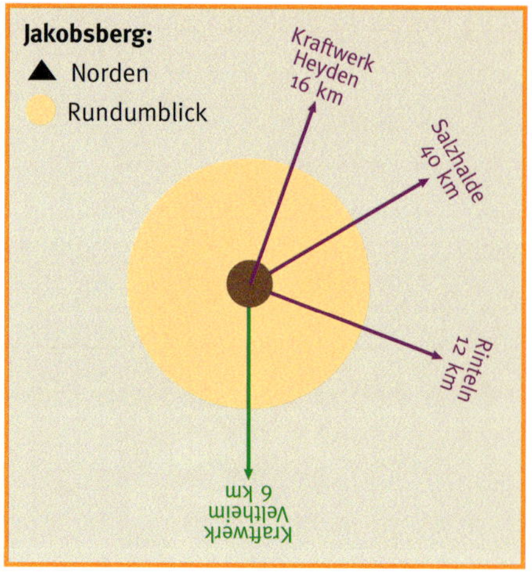

Lage

Auf dem Jakobsberg steht etwa 2 km östlich des Kaiser-Wilhelm-Denkmals auf 235 Meter Höhe ein Fernmeldeturm. Der Berg bildet die östliche Begrenzung des Durchbruchtales der Weser. Hier kommt die Weser aus der Mittelgebirgslandschaft und fließt in die Norddeutsche Tiefebene.

Geschichte

An Stelle des Fernmeldeturms stand auf dem Jakobsberg von 1902 bis 1952 der Bismarckturm Porta Westfalica. Der 22 Meter hohe, aus braunen Sandsteinblöcken gebaute Turm musste zu seinem 50-jährigen Bestehen wieder abgerissen werden, damit an dieser Stelle ein Fern-

Vom Fernmeldeturm ist gut zu sehen, wie das Wiehengebirge die Norddeutsche Tiefebene (rechts) vom Ravensberger Hügelland trennt.

meldeturm errichtet werden konnte. Dieser erste Fernmeldeturm wurde auch Bismarckturm genannt. Die Deutsche Bundespost verpflichtete sich beim Kauf des Geländes außerdem, eine Bismarck-Gedenkstätte und eine öffentliche Aussichtsplattform zu unterhalten.

Von 1974 bis 1978 wurde der heutige Fernmeldeturm Jakobsberg (auch „Langer Jakob" genannt) mit ca. 140 Meter Höhe errichtet. Bismarck-Gedenkstätte und eine Aussichtsplattform werden von der Deutschen Telekom weiterhin unterhalten. Das neben dem Fernmeldeturm gelegene Gebäude der traditionsreichen „Gaststätte Bismarckburg" steht seit einigen Jahren leer und verfällt.

Aussicht

Über eine außen angebrachte Wendeltreppe gelangt man auf eine Aussichtsplattform in über 23 Meter Höhe, von der sich ein herrlicher Blick über das Wiehengebirge bietet und weit in die norddeutsche Tiefebene, in das Weserbergland und in das Lippische Bergland und das Ravensberger Hügelland.

In nördlicher Richtung breitet sich an der Weser die Stadt Minden aus. Gut zu erkennen sind die Hafenanlagen. Dahinter liegen das Kraftwerk Heyden in Petershagen-Lahde (16 km, 20°) und die Salzhalde bei Wunstorf (40 km, 60°). Nach Süden erblickt man das Kraftwerk Veltheim (6 km, 180°), im Südosten die Stadt Rinteln (12 km, 110°).

Weit geht der Blick nach Westnordwest über die Porta Westfalica, das Kaiser-Wilhelm-Denkmal und das Wiehengebirge, nach Ostsüdost über das Wesergebirge. In etwa 8 Kilometer Entfernung überquert die Autobahn 2 das Wesergebirge bei Rinteln.

Wandermöglichkeiten

Der Fernmeldeturm auf dem Jakobsberg liegt am Europäischen Fernwanderweg E11. Er verläuft von Den Haag über Berlin bis nach Masuren hauptsächlich in Niederungen. Nur wenige Mittelgebirge, wie z.B. das Wiehengebirge und der Harz, liegen auf der Strecke. Über das Wiehengebirge hinweg führt er auch kurz unterhalb des Wartturms auf dem Wurzelbrink und direkt am Aussichtsturm auf dem Nonnenstein, am Moltketurm und am Kaiser-Wilhelm-Denkmal vorbei.

Weitere Infos

Nach etwa 700 Metern auf dem Kammweg des Wiehengebirges Richtung Westen kommt man zu einem kleinen Aussichtsturm auf 217 Meter Höhe, von dem aus das Kaiser-Wilhelm-Denkmal gut zu sehen ist. Es sind die Reste des Schlageter-Denkmals, mit dessen Bau

Das Wesergebirge erstreckt sich von der Porta Westfalica in östlicher Richtung nach Niedersachsen hinein. Es ist ein bedeutendes Buchenwaldgebiet im Nachbar-Bundesland.

Bild rechte Seite:
Zur Zeit der Laubfärbung ist der Ausblick vom Schlageter-Denkmal auf das Kaiser-Wilhelm-Denkmal besonders prächtig.

1933/34 begonnen, das aber nicht vollendet wurde.

Weitere 150 Meter nordwestlich des Schlageter-Denkmals befindet sich ein weiterer Aussichtspunkt mit Blick auf das Kaiser-Wilhelm-Denkmal, die Portakanzel. Diese natürliche Aussichtsplattform auf einer Felsklippe wurde 1887 vom Verschönerungsverein Hausberge für Besucher zugänglich gemacht.

Der Fernmeldeturm ist von Karfreitag bis zum 1. November an den Wochenenden für Besucher geöffnet. Der Eintritt beträgt 50 Cent für Erwachsene und 30 Cent für Kinder.

GASTSTÄTTENVERZEICHNIS

■ Waldgaststätte „Aussichtsturm"
Aussichtsturm 1
32657 Lemgo
Telefon 05261 / 669898
www.aussichtsturm-lemgo.de

■ Gaststätte „Bandels Höhe"
Grotenburg 50
32760 Detmold
Telefon 05231 / 88038
www.hermannsdenkmal.de

■ Brauereigaststätte
„Barres Brauwelt"
Berliner Str. 121–123
32312 Lübbecke
Telefon 05741 / 2304950
www.barres-brauwelt.de

■ Waldgaststätte „Bauerkamp"
Bauerkamp 1
33189 Schlangen
Telefon 05252 / 7609
www.bauerkamp.de

■ Hotel und Restaurant „Berghof"
Piepenborn 17
33039 Nieheim
Telefon 05274 / 342
www.hotelberghof-nieheim.de

■ Hotel u. Restaurant „Brand's Busch"
Furtwänglerstr. 52
33604 Bielefeld
Telefon 0521 / 92110
www.brands-busch.de

■ Gaststätte „Denkmalsgaststätte"
Kaiserstr. 15
32457 Porta Westfalica
Telefon 0571 / 70125

■ Restaurant „Habichtshöhe"
Bodelschwinghstr. 79
33604 Bielefeld
Telefon 0521 / 22237
www.habichtshoehe.de

■ Bergrestaurant „Hollenstein"
Hollenstein 7
32108 Bad Salzuflen-Wüsten
Telefon 05222 / 83162
www.bergrestaurant-hollenstein.de

■ Berghotel „Köterberg"
Köterberg 17
32676 Lügde-Köterberg
Telefon 05283 / 659
www.koeterberg.de

■ Luisenturm-Hütte
Telefon 05425 / 1466
www.luisenturmhuette.de

■ Gaststätte „Meierhof" im Tierpark
Olderdissen
Dornberger Str. 147a
33619 Bielefeld
Telefon 0521 / 5202112
www.meierhof-olderdissen.eu

■ Hotel und Gaststätte
„Peter auf'm Berge"
Bergstr. 45
33619 Bielefeld
Telefon 0521 / 911260
www.peter-aufm-berge.de

■ Gaststätte „Sachsenklause"
Westenfeldmark 6
33014 Bad Driburg
Telefon 05253 / 2404
www.sachsenklause.de

■ Restaurant und Café
„Schöne Aussicht"
Schubertstr. 10
33604 Bielefeld
Telefon 0521 / 61957
www.schoene-aussicht-bielefeld.de

■ Gaststätte „Schöne Aussicht"
Langenfelder Weg 80a
32657 Lemgo
Telefon 05261 / 15076
www.schoene-aussicht-lemgo.de

■ Ladencafé Schulze
Freistr. 23
33829 Borgholzhausen
Telefon 05425 / 930544
www.von-ravensberg.de

■ Burghotel „Schwalenberg“
Burgberg
32816 Schieder-Schwalenberg
Telefon 05284 / 98000

■ Hotel, Restaurant und
Café „Silbermühle“
Neuer Teich 57
32805 Horn-Bad Meinberg
Telefon 05234 / 2222
www.silbermuehle.de

■ Restaurant und Café „Sparrenburg“
Am Sparrenberg 38a
33602 Bielefeld
Telefon 0521 / 65939
www.restaurant-sparrenburg.de

■ Waldrestaurant „Steinmeyer“
Wüstener Weg 47
32049 Herford
Telefon 05221 / 81004
www.waldrestaurant-steinmeyer.de

■ Hotel, Restaurant und
Café „Stiller Friede“
Selhausenstr. 12–14
33699 Bielefeld
Telefon 0521 / 2399744
www.hotel-stiller-friede.de

■ Hotel und Restaurant „Waldesrand“
Zum Forst 4
32049 Herford
Telefon 05221 / 92320
www.hotel-waldesrand.de

■ Wald- und Wiesencafé
Haxtergrund
33100 Paderborn
Telefon 05251 / 61287

■ Gaststätte „Weyher“
Haxtergrund 8
33100 Paderborn
Telefon 05251 / 62420
www.gasthof-weyher.de

■ Berghotel „Wittekindsburg“
Hauptstr. 1
32457 Minden
Telefon 0571 / 71667

Weitere Informationen im INTERNET

■ www.bismarcktuerme.de
Internetportal für Bismarcktürme und Bismarcksäulen in Deutschland und anderen Ländern.

■ www.hermannshoehen.de
Informationsportal zum Hermannsweg und zum Eggeweg mit Tourentipps.

■ www.naturpark-teutoburgerwald.de
Internetseite des Naturparks Teutoburger Wald/Eggegebirge.

■ www.senne-portal.de
Informationsportal und Tourenplaner zu Natur und Landschaft, regionalen Produkten, Heimat und Kultur, Sport und Freizeit für die Senne und den Teutoburger Wald.

■ www.turmbesteiger.de
Informationen zu Türmen im Weserbergland.

■ www.warttuerme.de
Internetportal mit Informationen zu Warttürmen in den einzelnen Bundesländern.

■ www.wetteronline.de
Auf einer NRW-Karte kann man sich die aktuellen Sichtweiten anzeigen lassen (Messstationen u.a. Bad Salzuflen).

LITERATUR

■ FRAEDRICH, W. (1996): Spuren der Eiszeit – Landschaftsformen in Europa. – Berlin, Heidelberg (Springer) 184 S.

■ GERBAULET, H. (2007): Erlebnis Hermannsweg (Östlicher Teil) – Wandern von Bielefeld bis Horn-Bad Meinberg, 2. Auflage. – Bielefeld (Regionalverlag Thomas P. Kiper) 122 S.

■ GERBAULET, H. (2006): Erlebnis Hermannsweg (Westlicher Teil) – Wandern von Rheine bis Bielefeld. – Bielefeld (Regionalverlag Thomas P. Kiper) 122 S.

■ HISTORISCHER VEREIN FÜR DIE GRAFSCHAFT RAVENSBERG [Hrsg.] (2006): Burg und Festung Sparrenberg [= Ravensberger Blätter 1/2006]. – Bielefeld (Historischer Verein für die Grafschaft Ravensberg) 84 S.

■ HUTTER, C.-P.; SCHROEDER, C. & RÜTHER, P. (2000): Senne und Teutoburger Wald – Natur entdecken und erleben. – Stuttgart (Weitbrecht) 176 S.

■ KAMM, A. (2007): Sparrenburg – Burg, Festung, Wahrzeichen. – Bielefeld (Regionalverlag Thomas P. Kiper) 144 S.

■ KREIS HÖXTER [Hrsg.] (2002): Burgen, Schlösser und historische Adelssitze im Kreis Höxter. – Höxter (Kreis Höxter) 226 S.

■ LIPPERT, L. (1996): Das Eggegebirge und sein Umland, 5. Aufl. – Bad Driburg (Eggegebirgsverein) 645 S.

■ MAASJOST, L. (1973): Das Eggegebirge, 3. Aufl. [= Landschaftsführer des Westfälischen Heimatbundes 4]. – Münster (Aschendorff) 64 S.

■ MAASJOST, L. (1981): Das Brakeler Bergland – Der Nethegau, 2. Aufl. [= Landschaftsführer des Westfälischen Heimatbundes 6]. – Münster (Aschendorff) 78 S.

■ MAASJOST, L. (1985): Das Westfälische Land – Einblicke und Ausblicke von seinen Aussichtstürmen und höheren Aussichtsplätzen. – Paderborn (Schöningh) 160 S.

■ POLLMANN, B. (1994): Teutoburger Wald mit Egge- und Wiehengebirge – Die schönsten Tal- und Höhenwanderungen. – München (Rother) 140 S.

■ RÜTHER, P. (2008, im Druck): Frühblüher [= Die Neue Brehm Bücherei 661]. – Hohenwarsleben (Westarp) 136 S.

■ RÜTHING, H. (2002): Landwehren und Warten im Paderborner und Corveyer Land [= Heimatkundliche Schriftenreihe 33]. – Paderborn (Volksbank Paderborn) 36 S.

■ SCHÜTTLER, A. (1986): Das Ravensberger Land [= Landschaftsführer des Westfälischen Heimatbundes 12]. – Münster (Aschendorff) 108 S.

■ SCHÜTTLER, A. (1990): Die Steinheimer Börde [= Landschaftsführer des Westfälischen Heimatbundes 13]. – Münster (Aschendorff) 67 S.

■ TUBBESING, U. (1995): Weserbergland – Die schönsten Tal- und Höhenwanderungen. – München (Rother) 136 S.

AUSSICHTSPUNKTE IN
Aussichtspunkt mit überregionaler Bedeutung
Aussichtspunkt mit regionaler Bedeutung
Aussichtspunkt mit lokaler Bedeutung
Wiehenturm
Wurzelbrinkturm
Nonnenstein
Moltketurm
Jakobsberg
Kaiser-Wilhelm-Denkmal
Bismarckturm Herford
Luisenturm
Kaffeemühle
Schweden-schanze
Ravensburg
Hünenburg
Sparren-burg
Eiserner Anton
Bismarckturm Bad Salzuflen
Aussichts-turm Lemgo
Hohe Asch
Mühlenpott
Kumst-tonne
Hermanns-
Kahlenbergturm
OSNABRÜCK
MINDEN
HERFORD
BAD SALZUFLEN
BIELEFELD
DETMOLD
GÜTERSLOH
Damme
Dümmer
Stolzenau
Neustadt
Steinhuder Meer
Rehburg-Loccum
Rahden
Große Aue
Espelkamp
Petershagen
Mittellandkanal
Hille
Lübbecke
Preuß.-Oldendorf
Hüllhorst
Rödinghsn.
Melle
Bünde
Kirch-lengern
Bad Oeynhausen
Löhne
Porta Westfalica
Bücke-burg
Obern-kirchen
Barsing-hausen
Bad Münder
Rinteln
Hameln
Weser
Vlotho
Kalletal
Georgs-Marienhütte
Bad Iburg
Hilter a. T.W.
Dissen a. T.W.
Bad Laer
Bad Rothen-felde
Borgholzhsn.
Spenge
Enger
Hidden-hausen
Halle (Westf.)
Versmold
Sassen-berg
Steinhagen
Harsewinkel
Ems
Leopolds-höhe
Lage
Oerling-
Extertal
Dörentrup
Barntrup
Bad Pyrmont
Lügde
Blomberg
Schwalenberg
Horn-
Schloß Holte-Stukenbrock
August-
Herzebrock-
Werre
Else
Hase
Leine
TEUTOBURGER WALD
WIEHENGEBIRGE
Hamburg
Hannover
Berlin
NRW
Düsseldorf
München